张春华 著

乡村振兴背景下
农业产业化组织形式研究

XIANGCUN ZHENXING BEIJING XIA
NONGYE CHANYEHUA ZUZHI XINGSHI YANJIU

中国财经出版传媒集团
经济科学出版社
Economic Science Press

图书在版编目（CIP）数据

乡村振兴背景下农业产业化组织形式研究/张春华
著 . —北京：经济科学出版社，2021.4
ISBN 978 - 7 - 5218 - 2478 - 0

Ⅰ.①乡… Ⅱ.①张… Ⅲ.①农业产业化-研究-中
国 Ⅳ.①F320.1

中国版本图书馆 CIP 数据核字（2021）第 061229 号

责任编辑：杜　鹏　胡真子
责任校对：靳玉环
责任印制：王世伟

乡村振兴背景下农业产业化组织形式研究

张春华　著

经济科学出版社出版、发行　新华书店经销
社址：北京市海淀区阜成路甲 28 号　邮编：100142
编辑部电话：010-88191441　发行部电话：010-88191522
网址：www. esp. com. cn
电子邮箱：esp_bj@ 163. com
天猫网店：经济科学出版社旗舰店
网址：http：//jjkxcbs. tmall. com
固安华明印业有限公司印装
710×1000　16 开　12 印张　210000 字
2021 年 4 月第 1 版　2021 年 4 月第 1 次印刷
ISBN 978 - 7 - 5218 - 2478 - 0　　定价：59.00 元
（图书出现印装问题，本社负责调换。电话：010 - 88191510）
（版权所有　侵权必究　打击盗版　举报热线：010 - 88191661
QQ：2242791300　营销中心电话：010 - 88191537
电子邮箱：dbts@ esp. com. cn）

前　言

党的十九大报告提出了实施乡村振兴战略。2018 年，中共中央、国务院印发了《乡村振兴战略规划（2018－2022 年）》。乡村振兴作为全面建设社会主义现代化国家新征程的重要组成部分，是促进现代农业体系和现代工业体系有机融合发展的重要契机。实施乡村振兴战略的基础是产业振兴，基本途径在于农业产业化。农业产业化发展以一定的组织形式为载体，按照一定的制度规则来运行，组织形式的发展与完善不仅决定了产业化经营效率的高低，也促进了农村社会组织建设，提高了农民组织化程度，对于维护农村基层政权稳定也具有重要意义。近年来，我国农业产业化蓬勃发展，组织形式不断创新与完善，不仅促进了农业产业结构的调整和布局，使农业产业化组织呈现多样化态势，同时也促进了农民增收。但我国农业产业化及其组织形式在发展过程中也面临着市场机制不健全、利益联结机制不畅通、组织治理机制不完善、组织发展资金缺乏等问题。因此，进一步提高经营组织效率，完善组织形式，才能不断增加农民收入，这对稳定农村基层政权、化解农村经济社会风险、实现乡村振兴具有重要意义。

本书从基础理论、案例分析和现实问题三个层面展开论述，将农业产业化置于乡村振兴背景下，阐述乡村振兴与农业产业化的互动机理，深入分析农业产业化及其组织形式的基本理论，选取三个典型的农业产业一体化的代表国家——美国、法国和日本，对这三个典型国家的农业组织发展进行比较，从中找到对我国有借鉴和启发意义的经验与做法。本书在借鉴学术界对我国农业产业化组织形式划分（龙头企业带动型、专业市场带动型和中介组织带动型）的基础上，结合案例及运用组织效率理论，构建分析框架对这三种组织形式进行比较分析，探讨我国农业产业化及其组织形式发展的动力与困境，进而提出完善和创新我国农业产业化组织形式的设想及对策建议。依据上述逻辑架构和主要线索，本书主要包括以下六章内容。

第一章为导言。本章阐述了本书的研究背景和研究意义，总结了乡村振兴的研究现状，剖析了国内外对农业产业化及其组织形式的研究动态和研究方法，在此基础上，提出了本书的研究内容、研究方法和技术路线。

第二章为乡村振兴与农业产业化的理论基础。本章系统地阐释了乡村振兴、农业产业化、组织、农业产业化组织和农业产业化组织形式的概念及其研究的现实意义，分析了农业产业化发展的过程和理论依据，重点探讨了农业产业化与乡村振兴的互动关系。产业振兴是实施乡村振兴战略的重点任务，是城乡融合发展的重要基础，是巩固脱贫攻坚战的重要举措；而农业产业化是实现产业振兴的关键环节，农业产业化有利于促进农业劳动力转移、加快乡村产业互动，有利于调整农业产业结构、加快乡村经济社会发展，有利于推动城市化发展、促进农村产业调整，有利于夯实农村经济发展、促进乡村产业振兴。

第三章为乡村振兴背景下农业产业化组织形式发展的内在机理。本章介绍了我国农业产业化组织形式确定的五个原则、我国农业产业化组织形式概况和我国农业产业化基本组织形式。根据学术界已有的成果和我国农业产业化发展实践，本章选取和探讨了龙头企业带动型、专业市场带动型和中介组织带动型这三种组织形式的内涵、特征和类别，并根据它们不同的组织特征阐述了其与乡村振兴发展的关系。

第四章为农业产业化及其组织形式发展的国际借鉴。本章选取了农业产业一体化的代表国家——美国、法国和日本，并对这三个典型国家的农业及其组织形式发展进行比较分析与借鉴，从中找出一些对我国有借鉴和启发意义的经验和做法。即：把握差异化趋势，强化农业产业化组织辐射力；完善市场化机制，提升农业产业化组织运行力；深化农产品加工，加强农业产业化组织竞争力；夯实政府扶持力，增强农业产业化组织生存力；深化合作社发展，培育农业产业化组织创新力；推动信息化发展，提升农业产业化组织影响力；推动法治化兴农，筑牢农业产业化组织控制力。

第五章为乡村振兴背景下我国农业产业化组织形式多维分析。本章选取广东省的三个案例，分别阐述了龙头企业带动型、专业市场带动型和中介组织带动型这三种组织形式的优劣；借助组织效率理论分析这三种组织形式在影响因素、组织目标和运行效率方面的优缺点。基于以上分析，我国当前这三种农业产业化组织形式的困境逐渐明朗，主要存在市场体制机制不健全、利益联结机制不畅通、组织治理机制不完善、产业组织发展不平衡和组织发展资金不充足的问题。

　　第六章为乡村振兴背景下农业产业化组织形式的发展路径。本章根据上述分析的我国农业产业化组织形式存在的问题，借鉴国外农业发展经验，逐步明确农业产业化组织形式创新的原则，提出我国农业产业化组织形式发展的创新路径，以加快推进乡村振兴。因此，我国要完善龙头企业利益联结机制，实现城乡产业互动；积极支持专业市场组织农民，助推现代农业发展；强化合作组织中介创新发展，筑牢联结城乡纽带；厘清市场与政府职能，完善农业产业化制度保障；深化金融体制的改革，拓展农业产业化融资渠道。

张春华
2021 年 2 月

目 录

第一章　导　言

第一节　研究背景和意义

一、研究缘由

党的十九大报告指出,"实施乡村振兴战略。农业农村农民问题是关系国计民生的根本性问题,必须始终把解决好'三农'问题作为全党工作重中之重。要坚持农业农村优先发展,按照产业兴旺、生态宜居、乡风文明、治理有效、生活富裕的总要求,建立健全城乡融合发展体制机制和政策体系,加快推进农业农村现代化。构建现代农业产业体系、生产体系、经营体系,完善农业支持保护制度,发展多种形式适度规模经营,培育新型农业经营主体,健全农业社会化服务体系,实现小农户和现代农业发展有机衔接"。[①] 2018年,中共中央、国务院又印发了《乡村振兴战略规划(2018 - 2022年)》,标志着我国第一个全面推进乡村振兴战略的五年计划出台,全国上下开始围绕此目标规划大力推进乡村经济社会发展。解决"三农"问题是我国改革开放的初衷和愿景之一,而我国改革开放的指导思想之一是让一部分人先富起来,通过先富带动后富,最终走向共同富裕。改革开放40多年来,我国经济持续快速发展,沿海富起来了,城市富起来了,一部分人也已经相当富裕。先富带动后富、城市带动农村、工业反哺农业的时机已经成熟。在城乡二元结构的背景下,我国

---

① 习近平. 决胜全面建成小康社会,夺取新时代中国特色社会主义伟大胜利——在中国共产党第十九次全国代表大会上的报告 [M]. 北京:人民出版社,2017:32.

农村与城市发展差距较大，要解决农村、农民和农业问题，最根本在于转移剩余劳动力和增加农民收入。我国农业效益比较低下，农民就业不太稳定，农民很难从农业中获得持久的收入。因此，解决"三农"问题、实现乡村振兴、发展产业至关重要，而且发展的产业必须是现代产业。乡村振兴作为全面建设社会主义现代化国家新征程的重要组成部分，是促进现代农业体系和现代工业体系有机融合发展的重要契机。实施乡村振兴战略的基础是产业振兴，基本途径在于农业产业化。

改革开放以来，我国农业发展经验证明，农业产业化经营是获得农业持久竞争力、增加农民收入、实现向现代农业转变的有效途径。农业产业化的提出与发展弥补了实施家庭联产承包责任制后的诸多不足，它能够有效地引导广大农户进入市场，成为转变农村经营方式的有效途径。市场经济条件下农业产业化的发展，是对传统农业生产方式和组织制度的一种创新，它可以在稳定家庭联产承包经营的基础上，调动广大农民的积极性，解决我国农户小规模经营与社会化大生产的家庭矛盾；可以衔接好我国小生产与国内外大市场，实现传统农业向专业化农业生产转变；可以厘清农业高社会效益与低经济效益的矛盾和一些深层次的问题，使中国农业走出一条现代化的道路，是我国实现产业振兴的现实途径之一。经过长期的改革实践，农业产业化已成为增加农民收入、实现乡村振兴的重大举措。农业产业化的发展要以一定的组织形式为载体，按照一定的制度规则来运行，适合的农业产业化组织形式是推动产业化经营效率的关键因素。有效的组织形式是重要的社会资源。[①] 农业产业化组织形式的发展不仅决定了产业化经营效率的高低，也促进了农村社会组织建设，提高了农民组织化程度，对农村基层政权稳定起着重要作用。目前，随着我国农业产业化实践的进一步发展，农业产业化组织呈现出多样化发展态势。在农业产业化组织形式的选择上，不同的国家、不同的地区根据自身的优势，采用的具体形式不一样。当前我国农业产业化组织形式基本以龙头企业带动型、中介组织带动型和市场带动型为主。我国农业产业化及其组织形式在发展过程中面临着市场机制不健全、利益联结机制不畅通、组织治理机制不完善和组织发展资金缺乏等问题。因此，进一步提升农业产业化经营组织效率，不断增加农民收入，对

---

① 顾焕章，张超超. 中国农业发展之研究 [M]. 北京：中国农业科技出版社，2000：199.

于稳定农村基层政权、化解农村经济社会风险、实现乡村振兴具有重要意义。

二、研究意义

（一）乡村振兴背景下农业产业化组织形式研究有利于维护农村基层稳定，巩固乡村振兴政治基础

改革开放的浪潮冲击着我国传统的经济体制，外来的各种价值观念和思潮影响着我们传统的价值取向和心理。在广大的农村，推进农村基层民主政治建设已经成为农村经济和社会发展的迫切要求，而发展农业产业化组织特别是农村合作经济组织，可以培养人们的民主意识和参与意识，增加农民的话语权，推进农村基层民主制度建设和民主化进程。农业产业化组织发展还能推进政府职能的转变与管理方式的变革，提高政府服务质量。因此，推动农业产业化组织发展有利于维护农村基层政权稳定、巩固乡村振兴的政治基础。

（二）乡村振兴背景下农业产业化组织形式研究有利于增强农村社会建设，夯实乡村振兴社会基础

从社会角度看，发展农业产业化组织能促进农村城镇化建设，加强政府对农村地区的有效管理，促进乡村振兴。我国是一个典型的二元经济国家，城乡分割限制了人口的自由流动，而且我国人均土地资源少，农村存在数以亿计的剩余劳动力，农业内部很难消化庞大的农村剩余劳动力。农业产业化组织可以在改变传统农业生产方式的同时，促进产业链的延伸和拓展，通过建立生产、加工、销售一体化组织吸引农民就业，解决农村剩余劳动力的就业问题。同时，农业产业化也将推动农村地区第二、第三产业的发展，从而有利于加快农村城镇化进程。农业产业化组织可以把分散的农户整合起来，拓宽政府与农民沟通的渠道。通过这一渠道，政府可以加大对农村地区及农业的支持力度，增强对农村地区的管理手段，改变农村居民的生活方式，从而加快农村和谐社会建设的步伐。因此，推动农业产业化组织发展有利于增强农村社会建设，夯实乡村振兴的社会基础。

（三）乡村振兴背景下农业产业化组织形式研究有利于化解农村经济风险，增强乡村振兴经济基础

从经济角度看，发展农业产业化组织能够实现农业生产的专业化和规模

化，化解农业生产风险，优化农业产业结构，增加农民收入。农业产业化组织发展可以改变孤立、分散的小农生产方式，而且各种农业产业化组织可以通过契约、一体化农产品生产和加工企业以及农村合作经济组织，将分散的农户有效地组织起来，使其有序地与大市场建立联系，可以使农民放弃小规模、多品种种植方式，实现农业生产的专业化和规模化，以及农产品生产布局的区域化。农业产业化组织把农民联合起来，不仅可以有效地降低农产品供给与市场需求不一致所导致的市场风险，而且还可以利用组织相对雄厚的资本，采用更先进的技术，发展农业机械化，提高动植物病虫害防治水平，有效地防范与化解自然风险。农业产业化组织还可以凭借自身优势，上联大专院校、科研单位，下联农户，架起科研与生产之间的桥梁，加快农业科研成果研发和新的农业生产技术向生产实践的传播，有效发挥新技术增产增效潜力。农业产业化可以使各区域充分发挥资源禀赋优势，生产特色农产品，并就地加工和转化，从而延长农业产业链条，优化农业内部经济结构，提高农业的综合效益。要解决城乡差距，必须增加农民收入，提高农民生活水平，而农业产业化正是缩小城乡收入差距的重要途径。因此，推动农业产业化组织发展，有利于化解农村经济风险，夯实乡村振兴的经济基础。

第二节　国内外研究综述

一、乡村振兴研究

（一）国外研究综述

舒尔茨（Schultz，1987）认为，本地的农业发展是乡村复兴的主要策略，建设现代化的乡村和发达的农业体系是提升农村经济发展水平的重要步骤，而技术创新、制度创新、人力资本投资等向传统农业的投入是打破传统农业低水平均衡、改造传统农业的关键。卢黛尔（Rudel，2018）认为，在 21 世纪，农村出现的贫困和环境危机使农村地区亟待复兴。格雷（Grey，2010）在对美国纽约东南部地区进行考察的基础上发现，要实现乡村复兴，城市与农村加强联系不可或缺。农民不仅可以将自己生产的农产品卖到城市，还可以让家庭成员去城市工作，这就使乡村经济具有活力。奥尼苏卡等（Onitsuka et al.，2018）通过研究发现，在日本，强有力的农村领导人和关键人物的领导作用是缓解乡村衰败的重要力量，是实现农村振兴的重要因素。威廉姆斯（Williams，2010）指出，美国在农村发展政策中吸收了各州不同地区差异化、特色化的发展对策，这对乡村发展和推进农村落后地区发展具有重要意义。巴乔夫（Bachev，2008）等界定了农村生产的主体是农场，农场有着个人、家庭、合作社、企业、公共、混合等类型，要推进农村经济社会可持续发展，就要增强农村生产主体适应不断变化的制度、市场和自然环境的能力。莫雷（Morais，2020）认为，虽然全球化最边缘的地区是农村，但他也指出了农村地区应如何推进文化产业发展为乡村振兴做出贡献，即可以将传统的手工业制作工艺保留下来，将之前单纯的产品售卖慢慢改进为顾客可以直接制作的体验，通过这样一种全流程的文化产业吸引来自世界各地的游客和艺术家，在全球化的进程中融入乡村独特的文化与艺术。略伦特等（Llorente et al.，2016）认为，农村地区占欧盟面积很大，经济危机加剧了欧盟农村经济和环境的脆弱性，为此他们也提出了农村复兴和可持续发展的相关举措。

（二）国内研究综述

乡村发展与农业是相伴而生的，中国的乡村建设运动进行了百年探索和实践，这百年实践经历了一个循序渐进的过程。周立认为："中国的乡村建设始于 20 世纪初民间自发的乡村建设派围绕文化和教育进行农村建设的尝试，兴于国家进场后中国共产党带领农民围绕土地所有制进行的变革，盛于国家主导下开展的对农村从'汲取'到'给予'的新农村建设，成于新时期的乡村振兴战略。"[1] 党的十九大报告明确界定了乡村振兴战略的内涵，指出要坚持农业农村优先发展，按照"产业兴旺、生态宜居、乡风文明、治理有效、生活富裕"的总要求，建立健全城乡融合发展的体制机制和政策体系，加快推进农业农村现代化。随着乡村振兴战略的提出并上升为国家战略，很多学者对此进行了大量的研究，很多有影响力的著作、论文和报告也随之出现。学者们主

---

[1] 周立. 乡村振兴战略与中国的百年乡村振兴实践［J］. 学术前沿，2018（2）.

要基于经济学、社会学、政治学、管理学的视角从各自的学科背景角度进行交叉研究。

在探讨乡村振兴的实施路径时，一些学者的思路是乡村振兴要生根落地就必须进一步深化农村改革，加速农村人、地、钱等要素流动，他们认为这样才能从根本上提高农民收入，缩小城乡差距。乡村振兴的主要目标是让农民在农村致富，为此要推动农村产业振兴。孔祥智认为，产业兴旺是乡村振兴的重点，其主攻方向是要提高农业综合效益和竞争力，全面振兴第二、第三产业，防止农村产业空心化。① 刘合光认为，人才是乡村振兴的关键，人才对乡村经济社会发展的重要性不言而喻，要加强现代青年农场主、新型农业经营主体带头人、农业职业经理人等农村人才培育。② 赵秀玲认为，要将人才留在农村、提高乡村人力资本质量，就要对乡村人口结构和农业劳动力结构加以优化。③ 叶兴庆认为要抓住乡村振兴的核心发展要素之一——土地，通过建立相应的用地保障机制如规范管理农村建设用地、完善农村土地三权分置、激发闲置宅基地和农房活力来推动乡村振兴。④ 各级政府是完善这些措施的主体，需要出台相应的政策和制度完善体制机制，在乡村振兴过程中需投入大量资源。⑤

另一些学者的思路是城市成为大部分农民家庭收入的主要增长点，保持农村的基本秩序成为乡村振兴的基本目标，要让那些留在农村的农民能够享受到比较好的公共物品和公共服务，实现不同区域农村的有效治理。贺雪峰认为，乡村振兴战略需要完善农民在与土地结合的过程中政策和资金制度的安排，让农民的各种获得感比城市贫民窟的生活水平要高；⑥ 桂华认为，要正确引导城市过剩资本和市民下乡，不让他们挤占农民的获利空间，同时促进小农户改变，引导其适度规模经营，使农业生产的社会化服务体系不断走向完善；⑦ 贺雪峰认为，乡村振兴要有国际经验的视野，美、日等国是在工业化和城镇化基础上跨越了中

① 孔祥智. 产业兴旺是乡村振兴的基础 [J]. 农村金融研究，2018 (2).
② 刘合光. 乡村振兴的战略关键点及其路径 [J]. 中国国情国力，2017 (12).
③ 赵秀玲. 乡村振兴下的人才发展战略构想 [J]. 江汉论坛，2018 (4).
④ 叶兴庆. 新时代中国乡村振兴战略论纲 [J]. 改革，2018 (1).
⑤ 李周. 乡村振兴战略的主要含义、实施策略和预期变化 [J]. 求索，2018 (2).
⑥ 贺雪峰. 城乡二元结构视野下的乡村振兴 [J]. 北京工业大学学报（社会科学版），2018 (5).
⑦ 桂华. 乡村振兴要坚持农民的主体地位 [J]. 农村工作通讯，2018 (4).

等收入陷阱，然后才推动乡村振兴，因此，我国乡村振兴要结合自身实际和阶段推进，不要过度消耗国家资源。① 我国可以借鉴日本的社区发展模式通过对传统文化的继承和发展推动相关地区旅游业的升级，进而推动农村社区的持续发展。② 英国政府从规划管理以及乡村发展方面明确了乡村可持续发展应与其经济、社会和生态环境相适应。德国在推动农业现代化发展的同时积极关注乡村生态变化，特别强调对乡村文化的保护，通过兴建乡村文化博物馆展示乡土文化。③ 英美两国基于国情制定增强计划来构建乡村可持续发展体系，注重完善乡村基础设施和提升现代乡村公共服务保障水平，鼓励农业规模化经营，深度挖掘乡村产业发展链条，并针对重点贫困与偏远乡村区域制定特殊发展计划。④

还有学者基于宏观层面、中观层面和微观层面分析了乡村振兴战略实施路径。胡胜认为，法治环境的营造是确保乡村振兴战略顺利实施的可靠保障，也是乡村振兴的前提条件。⑤ 王娟认为，文化引领既可以作为乡村振兴的驱动力，又能够转化为其物质基础。⑥ 王思斌认为，要实现乡村振兴，除了经济的转型升级，还需要进行社会基础建设。农村居民是乡村振兴的主体，其理念整合和协同运作可促进农村经济社会发展的政策体系，对改变农村"弱生态位"状况具有重要作用。⑦ 刘祖云、王丹认为，乡村振兴战略的落地应该以"战略＋技术"的模式为主要实施手段，必须落实"技术治理"的理念，因此，乡村急需在空间技术、信息技术与农业技术三个层面实现"技术升级"。⑧ 吴思斌、刘细发认为，农村旅游业的发展对于乡村振兴战略的实施具有重要意义，合理的开发和利用农村旅游资源是目前农村致富的重要途径。⑨ 王曙光、王丹

① 贺雪峰.实施乡村振兴战略要防止的几种倾向［J］.中国农业大学学报（社会科学版），2018（3）.
② 王敬尧，段雪珊.乡村振兴：日本田园综合体建设理路考察［J］.江汉论坛，2018（5）.
③ 范建华.乡村振兴战略的理论与实践［J］.思想战线，2018（3）.
④ 龙晓柏，龚建文.英美乡村演变特征、政策及对我国乡村振兴的启示［J］.江西社会科学，2018（4）.
⑤ 胡胜.乡村振兴离不开法治护航［J］.人民论坛，2018（2）.
⑥ 王娟.文化引领乡村振兴的有效途径［J］.人民论坛，2018（6）.
⑦ 王思斌.社会生态视角下乡村振兴发展的社会学分析——兼论乡村振兴的社会基础建设［J］.北京大学学报（哲学社会科学版），2018（3）.
⑧ 刘祖云，王丹."乡村振兴"战略落地的技术支持［J］.南京农业大学学报（社会科学版），2018（4）.
⑨ 吴思斌，刘细发.发展旅游产业推进乡村振兴［J］.人民论坛，2018（6）.

莉指出，金融尤其是农村普惠金融是乡村振兴战略极为重要、极为关键的支持要素。要加深乡村振兴战略与农村普惠金融体系建设、农村集体经济金融服务、农村扶贫等方面的认识。① 唐任伍认为，要加大对乡村公共文化服务体系的投入，建设乡村图书馆、博物馆、体育馆及文化活动室等来活跃乡村居民的文化生活，进而为乡村持续健康的发展提供人才保障。② 刘合光认为，总设计师、人民公仆、村干部、村民、各类智囊以及其他参与者是我国乡村建设的重要参与主体。各参与主体在乡村振兴战略实施中各有功用。③ 张红宇认为，我国农业企业是现代农业产业体系中最具活力和创新力的主体，推动乡村振兴重点是要依靠市场活力，而市场活力的形成和发展主要取决于企业家精神，因此实施乡村振兴战略要求弘扬企业家精神。④

二、农业产业化研究

（一）国外研究综述

国外虽然没有类似于我国农业产业化的提法和研究，但是我国的农业发展与它们却有着相似的发展进程。西方国家的"农业一体化"（agricultural integration）或"农业产业一体化"跟我国农业产业化类似。"农业一体化"于20世纪中期起源于美国，后来传至欧洲和日本。国外"农业一体化"的发展是伴随着市场经济的充分发展、现代产业化组织理论的完善和农业现代化的实现而产生的。经过几十年的实践，西方国家"农业一体化"已经取得了突飞猛进的发展。约翰·戴维斯（John H. Davis）和罗伊·戈尔德伯格（Roy A. Goldberg）是最早研究农业产业化的学者，1957年他们提出了"农业一体化"，1958年出版了 *A Concept of Agribusiness* 一书，书中首次论述了"农业一体化经营"的概念。约翰·戴维斯（1957）认为，农业产业化就是在农业生产中产供销三个环节的有机结合。其后，罗纳德·克努森等（Ronald Knudsen et al.，1995）比较完整地论述了农业产业化的概念及其组织形式分类，他们认为美国有三种

---

① 王曙光，王丹莉. 乡村振兴战略的金融支持 [J]. 经济观察，2018 (2).
② 唐任伍. 新时代乡村振兴战略的实施路径及策略 [J]. 学术前沿，2018 (2).
③ 刘合光. 激活参与主体积极性大力实施乡村振兴战略 [J]. 农业经济问题，2018 (1).
④ 张红宇. 乡村振兴战略与企业家责任 [J]. 中国农业大学学报（社会科学版），2018 (2).

农业产业化组织形式，即农工综合企业、一体化经营组织和一体化合作经营组织。詹姆斯（James，1993）认为，农场主为适应多样化消费的需求和转移风险，会不断加大投入来扩大经营规模，这加速了农业产业化的发展。威廉姆斯（Williams，1979）依据交易费用理论对农业产业化进行分析，他认为，在农业产业化发展与农村经济发展方面，政府和市场的功能及效率是不一样的，这就决定了它们在社会资源及各项配置方面可以做到相互补充。

国外对于农业产业化经营的研究主要以实证研究为主。斯图亚特和丹尼斯（Stuart and Dennis，1992）通过实证分析得出，交易成本是决定美国食品产业中垂直协作程度的重要因素。吉伯斯坦（Zylbersztajn，2003）以巴西的西红柿生产者为例，运用交易成本这一理论，基于农户的规模、合同价格的确定以及与市场的远近程度三方面对订单农业履约率问题进行了研究。他的研究表明，违约率比较小的是那些经营规模大且距离市场较远的农户，他把固定价格合同制与市场价格浮动的合同制相比较，发现固定价格合同制的履约率明显低于市场价格合同制的履约率。乔瓦尼和卢西亚诺（Giovanni and Luciano，1999）分析比较了垂直一体化与垂直协作的本质区别与联系。勃吉图等（Bogetoft et al.，2002）以丹麦的十个具体订单农业项目为分析对象，运用契约理论构建了一个实证分析框架，由此得出设计订单农业合约时在协调、激励及降低交易成本三个方面应遵循的十条原则。米歇尔·L. 库克与康斯坦丁·伊利奥普洛斯（2003）通过研究美国合作社案例，探讨了在合作社投资中的"搭便车"问题、眼界问题（合作社成员对长期项目进行投资激励的认识）以及资产组合问题，并通过建立美国农业合作社中投资的产权限制模型进行分析，指出不同投资激励形式下社员将采取不同的行为以获得最大化的利益。

在农业产业化组织形式的研究方面，舒尔茨（1987）认为，逐步引入现代农业生产要素，使传统农业逐步向现代化农业转变，才能使农业成为经济增长的源泉。在农业产业组织发展上，他认为可行的方式是建立一种能够适应市场变化的家庭农场，而这种家庭农场实行所有权与经营权的合一，能调动广大农民的积极性来改造传统农业。日本的千叶典和立川雅司认为，基于农业生产、贸易的集团化和国际化的背景，发达国家若要对外输出本国过剩的农产品进行农业生产投资，必然会借助于跨国公司这一形式而进行，这样就会形成国际农业一体化的发展格局。[①]

（二）国内研究综述

随着研究的深入，我国政府和很多学者认识到农业产业化对于推动农业农村现代化、实现乡村振兴和"三农"问题的解决具有重要意义。农业产业化这个概念被提出以来，伴随着农业产业化实践的推进，许多学者从理论和实证的视角进行了探讨。这些研究涉及农业产业化的概念、发展现状、组织形式、比较分析、存在的问题以及对策建议等。

1. 关于农业产业化的概念。自农业产业化的概念提出以来，学术界对此做出了多种界定。从有关阐述中可知，虽然学术界各自强调的重点有所不同，但是对农业产业化的本质特征认识是基本一致的。其共同点主要表现在三个方面：一是农业产业化要以市场为导向，因为市场是优化配置农业资源要素的基础；二是农业产业化的本质特征是实现"种养加"、产供销、农工贸一体化经营；三是加快实现农业农村现代化必须以提高农业经济效益为中心，农业产业化是市场经济条件下不同于传统的农业生产方式和组织制度形式的一种新机制，是实现乡村振兴、解决"三农"问题的有效途径。

2. 关于我国农业产业化组织形式研究。

第一，在农业产业化组织形式的划分方面。随着国内农业产业化的逐步深化，国内学者也逐步开始关注我国农业产业化的组织形式研究，他们根据不同的标准，对我国在实践中出现的农业产业化组织形式进行了总结和描述。牛若峰、夏英把农业产业化的经营组织形式归纳为龙头企业带动型、主导产业带动型、中介组织带动型、合作经济组织带动型和专业市场带动型五种。[②] 李惠安认为，现阶段我国农业产业化经营组织形式主要有三种基本模式，即合作社组织形式、合同（契约）组织形式和企业组织形式，他还认为在现阶段或今后很长一段时间内我国将以合同契约组织形式为发展的主导类型。[③] 黄祖辉等从生产和加工阶段投资决策的角度把农业产业化组织形式分为三类：农户支配型（"合作社＋农户""专业协会＋农户"）、加工者（公司）支配型（公司办农

① 千叶典，立川雅司. 跨国农业综合企业与结构变化 [N]. 日本农业新闻，1996 – 10 – 08.

② 牛若峰，夏英. 农业产业化经营的组织形式和运行机制 [M]. 北京：北京大学出版社，2000：124.

③ 李惠安. 关于农业产业化的经营组织问题 [J]. 中国乡镇企业，2001（10）.

业）和各自支配型（"公司＋农户"）①。张晓山认为，农业产业化组织形式主要有"公司＋农户""合作社（公司）＋农户""龙头企业＋合作社＋农户"三种形式。② 唐轩文认为，"新型合作社＋农户"符合西部地区的外部环境特征，是推进西部农业产业化发展的有效组织，同时他还提出了发展"新型合作社＋农户"形式以及优化外部环境的政策建议。③ 胡冬生、余秀江和王宣喻提出了农业产业化经营形式选择的三个原则，即适应特定产业经营对象、适应不同的产业发育阶段和符合农业产业化发展的动态过程。④ 张学鹏从产业链视角，把我国农业产业化模式分为以资本为纽带的外生龙头一体化模式和以互助合作为纽带的内生龙头一体化模式，他认为内生龙头一体化模式可以较好地兼顾政治目标和经济目标，应该是我国发展农业产业化的首选模式。⑤ 周昱君主要研究了江苏雨润公司与农户联结的有效模式，即订单模式、扶贫模式和科技带动模式三种。他基于模型建构研究组织有效性影响因素，从有效性出发对江苏雨润公司农业产业链组织的有效性进行了评价，并通过综合理论与案例实证研究，找到创新我国农业产业链组织形式的启示。⑥

第二，在对特定地区农业产业化经营组织形式的产生、现状、发展研究方面。周建华、张岳恒根据广东省自然资源和社会经济发展水平之间的状况，将广东省划分为珠三角地区、东翼地区、西翼地区和山区县四大区域，研究了各地区农业产业化组织形式情况，并提出了一些政策建议⑦。张廷银研究了制约河南农业产业化发展的因素，并提出了相关的政策建议。⑧ 张光辉对广东温氏

① 黄祖辉，王祖锁．从不完全合约看农业产业化经营的组织方式［J］．农业经济问题，2002（3）．
② 张晓山．产业链联盟视角下的农业产业化经营模式研究［J］．软科学，2007（1）．
③ 唐轩文．西部地区农业产业化组织模式的选择［D］．成都：四川大学，2007．
④ 胡冬生，余秀江，王宣喻．农业产业化路径选择：农地入股流转、发展股份合作经济［J］．中国农村观察，2010（3）．
⑤ 张学鹏，卢平．中国农业产业化组织模式研究［M］．北京：中国社会科学出版社，2011：185．
⑥ 周昱君．我国农业产业链组织形式研究——以江苏雨润公司为例［D］．武汉：湖北大学，2016．
⑦ 周建华，张岳恒．广东分区域农业产业化经营模式的选择［J］．华南农业大学学报（社会科学版），2004（3）．
⑧ 张廷银．河南农业产业化的制约因素与对策分析［J］．郑州牧业工程高等专科学校学报，2004（3）．

食品集团有限公司农业产业化经营的成功经验进行了分析，总结出"温氏模式"是加快发展我国农业产业化、增加农民收入的有效经营形式。① 姚秀霞从农业产业化的组织理论入手，对烟台市主要的产业化组织模式——"公司＋基地＋农户""公司＋农场＋农场工人""公司＋合作社＋农户""公司＋银行＋农户"进行比较并做了评价，指出了存在的问题，提出烟台市农业产业化下一步发展要创新经营体制，就是要建立"行业协会＋龙头企业＋专业合作社＋专业大户（或农户）""四位一体"组织模式的设想，为进一步推动烟台市农业产业化进程提供参考依据。② 孙晓霞以东北地区农业产业化组织形式为研究对象，通过对东北地区农业产业化组织形式的分析，提出了创新农业产业化组织形式的政策建议。③ 陈百荷从农业产业化理论基础入手，以贵州省茶产业作为研究对象，在对大量数据和资料进行综合研判的基础上，结合贵州资源的实际情况，梳理并分析了贵州茶产业的发展轨迹和发展历史，从经济效益、生态效益、社会效益三方面对比分析得出贵州茶产业质量和产量主要问题在于竞争力较弱和专业人才缺乏，并据此提出了相关解决对策。④ 苗书溢从产业发展理论入手，以榆林地区苹果产业为研究对象，在对榆林地区苹果产业现状分析的基础上，基于专业人才、产品深加工服务、农产品品牌效应、政府扶持力度、产业社会化服务五个方面分析了榆林地区苹果产业发展存在的问题及原因。⑤ 赵海燕则强调实现乡村产业振兴必须要大力发展当地优势产业，发展当地优势产业又非常强调农业产业化组织的发展和示范，突出强调龙头企业、农民合作社、示范园区等带头示范作用，只有这样才能发挥出产业优势并逐步形成自己的品牌以增强市场竞争力，从而进一步发展该地区优势产业进而带动农业产业多元化格局的形成。⑥

---

① 张光辉. 温氏"公司＋农户"经营模式研究 ［J］. 企业经济，2004（11）.

② 姚秀霞. 烟台市农业产业化组织模式及创新研究 ［D］. 长春：吉林大学，2005.

③ 孙晓霞. 东北地区农业产业化组织模式研究 ［D］. 长春：吉林大学，2008.

④ 陈百荷. 乡村振兴战略背景下贵州省茶产业发展现状、问题及对策研究 ［D］. 武汉：华中师范大学，2019.

⑤ 苗书溢. 乡村振兴背景下榆林地区苹果产业发展定位与对策研究 ［D］. 咸阳：西北农林科技大学，2019.

⑥ 赵海燕. 乡村振兴战略视域下黑龙江省农村产业发展研究 ［D］. 哈尔滨：中共黑龙江省委党校，2019.

第三，在对农业产业经营组织形式的变迁及其形成的动力机制研究方面。龙方、任木荣研究了纵向兼并型和横向一体化两种组织形式的形成动力机制，主要从信息不对称导致的逆向选择、不确定性、降低市场风险、消除买方垄断等具体方面研究了农业产业化形成的动力机制，但该研究没有考虑外部的环境因素（制度环境、资源环境、产业环境和市场环境）对农业产业化经营组织变迁的影响。① 俞雅乖运用制度的供给与需求理论分析了农业产业化组织变迁的原因，认为制度的需求主体对一项新制度的需求源自该项制度能够给它带来更多的利益，制度的供给者愿意提供制度是因为该项制度所带来的收益大于采用该项制度所花费的成本，农业产业化组织变迁过程也是制度的需求主体和制度的供给主体双方利益共同满足的过程，任何一方利益得不到满足都会导致制度的变迁。该研究在宏观制度环境上为我们分析农业产业化制度变迁提供了依据，但是没有对需求主体和供给主体的收益与成本进行具体的分析。②

3. 关于农业产业化组织形式的分析。

第一，分析了龙头企业带动型"公司＋农户"这种农业产业化组织形式的利弊。李清明等人充分肯定了"公司＋农户"模式的积极作用，认为该模式是解决中国农村贫困问题、促进乡村发展的积极长效机制，同时也指出了"公司＋农户"模式面临的风险，其主要风险为契约风险、市场风险、技术风险、利益协调机制不健全等，这些风险会限制该模式有效性的充分发挥。他们在对这四种风险成因进行详尽分析的基础上结合乡村振兴战略的总体要求，总结出了完善该模式以抵御风险的有效策略。研究结果对推进农业产业化组织形式中的"公司＋农户"模式具有重要意义，而完善该模式有助于解决农村可持续贫困问题，进而实现乡村振兴。③ 胡新艳、沈中旭从理论上分析了这种形式在实践过程中的问题，认为最大的问题就是合同履约率低、合作关系不稳定，他们借助温氏集团个案分析了如何解决这个问题。他们认为，通过选择恰当的契约治理工具，可以有效降低农业合作契约风险，这成为农业产业化经营

---

① 龙方，任木荣. 农业产业化产业组织模式及其形成的动力机制分析 [J]. 农业经济问题，2007 (4).

② 俞雅乖. 农业产业化组织变迁的路径依赖分析 [J]. 统计与决策，2008 (9).

③ 李清明，等. 乡村振兴战略下"公司 ＋ 农户"模式的风险及化解 [J]. 云南行政学院学报 2020 (1).

的成功典型。① 楚永生等以江苏铜山县为例，分析了农业产业化运营经过长期探索形成龙头企业带动型、经济合作组织带动型、股份合作型等运营形式并取得成效的同时，出现了生产基地分散、龙头企业组织规模偏小、政策扶持力度不够等问题。② 申卓婕以"公司+农户"形式为研究对象，在阐述该组织形式积极作用的同时，探讨了其存在的问题，这些问题主要是联结机制的不完善造成的违约行为：利益分配和风险承担不成比例；公司的规模小、带动力不足；农户的受教育水平偏低、经营意识不强，导致该组织形式的运行效率不高。针对这些问题，她运用博弈论和信息经济学理论进行分析，并提出了优化建议。③ 熊毅俊通过收集资料和调研的方式分析了广东海纳农业有限公司带动型的发展模式，主要基于合作模式演化视角分析农业龙头企业联合小农户的内在机理和外在表现，为有效解决小农户面临的发展困境找到方法，进一步优化农业龙头企业带动小农户发展的路径。该公司的发展历程逐步深化是与农民的合作逐步紧密相伴而生的，其显著特征包括关系治理、纵向一体化经营、科技支撑。研究表明，农业龙头企业和农户长期合作的重要基础是关系治理；农业龙头企业和农户长期合作的必然趋势是纵向一体化经营；农业龙头企业和农户长期合作的根本保障是科技支撑，科技支撑是维持良好的关系治理与纵向一体化经营的前提条件，关系治理、纵向一体化经营、科技支撑三者独立运行，但又具有内在统一性。广东海纳农业有限公司与农户的利益联结模式是农业不同发展阶段"公司+农户"的典型案例，对其他地区具有借鉴作用。同时，他也进一步提出了相关完善的对策建议，主要在于加强治理体系制度化建设、加强技术人才培养和储备、围绕农业产业合理布局其上下游产业链。④

第二，农业产业化组织形式的比较分析。张明林、刘耀彬基于合作博弈的思路分析了我国"公司+农户""中介组织+农户""公司+合作组织+农户"三种农业产业化主要组织形式。分析结果表明，企业、农业中介组织、

① 胡新艳，沈中旭."公司+农户"型农业产业化组织模式契约治理的个案研究 [J]. 经济纵横，2009（12）.

② 楚永生，刘杰，樊晓阳，等. 农业产业化组织运营模式及其绩效情况的实证分析——以江苏铜山县为例 [J]. 甘肃农业，2009（11）.

③ 申卓婕. 农业产业化组织模式："公司+农户"研究 [D]. 太原：山西财经大学，2006.

④ 熊毅俊. 农业龙头企业带动小农户发展优化路径探索——基于广东海纳农业有限公司的案例分析 [J]. 广东农业科学，2020（4）.

农户在"公司＋中介组织＋农户"组织模式中收益比在"公司＋农户"和
"中介组织＋农户"组织形式中要高。① 张敏以交易费用理论为基础对农业产
业化组织形式"专业市场＋农户""公司＋农户""中介组织＋农户""合作
社＋农户"四种形式进行案例分析和比较，认为带动农户收入持续增长的最
有效农业产业化组织形式是"合作社＋农户"型组织形式。② 向隅在对当前农
业产业化各种典型组织形式进行分类描述的基础上，以组织理论为主要理论基
础，从组织层面、产业层面、宏观层面以及国际层面进行多维度、多角度的全
面比较，得出了较为详细的比较结果。③ 马强着重对比分析了国内外的"龙头
企业＋农户"和"合作经济组织＋农户"两种组织形式，在客观分析我国农
业产业化组织形式发展现状的基础上，明确了我国应得到的相关启示，提出了
我国农业产业化组织形式的创新为"龙头企业＋合作经济组织＋农户"这种
组织形式。④ 金炜玲比较分析了城镇化背景下成渝地区土地股份合作社和微型
企业两种农业产业化组织形式。土地股份合作社通过土地折股将产业化经营的
收益按股均分，微型企业则通过反租倒包由资本扶植建立小型农业公司。这两
种组织形式利益联结和分配方式不一样，前者按入股均分收益，后者产生的其
他利益由地方政府和资本共享，相比前者而言后者在数量和规模上更大，主要
是在后者的运行中地方政府与资本产生了合作共赢。政府通过与资本合作，使
发展有了资金的支持；资本通过与政府合作，使发展有了政策回应与回报。这
种合作可以使资本获得建设用地进而影响当地城镇化的发展进程。⑤ 高珊认
为，龙头企业带动型、中介组织带动型、专业市场带动型三种组织形式的选择
和发展应根据自身的特点和条件，而其组织效率主要受到内部因素和外部因素
的影响，外部因素为农业产业化组织发展的制度安排和自然资源条件等，内部因
素为各农业产业化组织内部治理机制和农业产业化的政治经济目标实现等。⑥

　　① 张明林，刘耀彬. 农业产业化组织模式效率比较：一个合作博弈分析思路 [J]. 统计与决策，
2007（21）.
　　② 张敏. 中国农业产业化组织形式比较研究 [D]. 济南：山东大学，2009.
　　③ 向隅. 农业产业化组织形式的比较研究 [D]. 合肥：合肥工业大学，2004.
　　④ 马强. 国内外农业产业化组织模式对比研究 [D]. 太原：山西财经大学，2006.
　　⑤ 金炜玲. 农业产业化组织形式研究：土地股份合作社与微型企业的比较 [J]. 中国农业大学学
报（社会科学版），2018（2）.
　　⑥ 高珊. 我国农业产业化组织形式的比较分析研究 [J]. 知识经济，2017（6）.

第三，我国农业产业化组织形式发展的选择与创新。秦立公、周熙登、张丽婷总结了现有农业产业化经营组织形式的局限性，探讨了发展农业企业化的形式，详细地介绍了这种组织形式的发展特点及其现实意义。① 喻国华认为，要想实现农民的增收必须实施农业产业化，但是其组织形式的选择在我国理论界是争论的焦点。以专业合作组织为代表的新农业产业化组织形式趋于成熟。他在对比分析我国实践中的三种农业产业化基本组织形式的基础上，为我国专业合作组织发展给予了更好的指导。② 黄彬多角度、多方面、多层次地探讨和研究了我国农业产业化组织的功效模式，揭示了农业产业化组织目标、环境以及内部系统之间的作用机理，力图促进我国农业产业化组织的深层次改革和创新，以期我国农业产业化组织实现突破性进展。③ 冯浩运用交易费用理论、分工专业化理论和规模经济理论等对我国农业产业化组织的组织形式和运行机制进行分析，再结合国外农业发达国家的经验和教训，创新性地提出"公司 +农户"的股份合作形式。④ 黄婧从非正式组织的产生背景出发，借助管理学对农村非正式组织产生的分析，探讨了其与农民合作的关系，进一步阐释了在农业产业化中如何发展农民合作。⑤ 杨建军认为农业与市场经济紧密联结的纽带是农业产业化发展，农业产业化促进产、供、销连成一个整体，可以增强农户抵御市场的风险，增加农民收入，不仅有利于促进农业现代化，也可改变和缩小城乡差距。在我国农业产业化实践中，随着经济社会大力发展，农业产业化组织形式由传统的"公司 +农户""公司 +大户 +农户"等逐渐转变成"公司 +家庭农场""合作社 +合作社"等几种形式。在农业发展的新阶段，农业产业化的已有模式可从两个方向发展。其主要是将产业化经营内部分工进一步细化，加深产业化内部各要素之间融合度，要在已有的产业化经营规模的基础上扩大其规模，进一步凸显规模优势。⑥ 陈帅主要探讨了农业产业化组织形式发展的困境和对策，认为我国农业产业化组织形式的困境主要是各主体利益联结

① 秦立公，周熙登，张丽婷. 土地流转政策下农业产业化经营组织新模式探讨 [J]. 江苏农业科学，2010 (2).

② 喻国华. 专业合作组织在农业产业化中的实践模式 [J]. 农业经济，2008 (3).

③ 黄彬. 我国农业产业化组织有效模式问题研究 [J]. 内蒙古社会科学，2005 (4).

④ 冯浩. 农业产业化组织形式与运行机制研究 [D]. 合肥：安徽农业大学，2008.

⑤ 黄婧. 农业产业化中的农村非正式组织与农民合作研究 [J]. 安徽农业科学，2011 (3).

⑥ 杨建军. 对农业产业化经营组织形式及其创新路径分析 [J]. 农技服务，2016 (5).

机制不健全，无法有效实现"利益共享、风险共担"的利益机制，而龙头企业不仅规模小且带动能力有限，农业产业化组织融资难，创新能力弱。因此，为解决这些困境我们必须大力完善各主体利益联结机制、加强龙头企业量和质的发展优化、完善治理结构以增强带动能力、大力解决融资难的问题。①

4. 关于国外农业产业化组织形式。农业产业化组织是产业化依托的载体，是产业化顺利发展的基本保证。20 世纪 90 年代中后期我国农业产业化的发展刚刚开始之时，我国亟须了解和学习国外的农业产业化组织形式及相关经验，因此，大量的学者把国外农业产业化及其组织形式发展的研究引入国内，于是，产生了大量介绍国外农业产业化组织类型和形式的研究成果。

柴彭颐、周洁红是较早的介绍国外农业发展的学者，他们详细地介绍了大型规模化农业代表的美国是如何发展农业以及坚持农业一体化的，认为其农业一体化的组织形式包括完全纵向一体化公司、不完全的纵向一体化合同制联合企业以及一体化农业合作社三种。② 贾生华则主要分析了西欧国家的农业产业化发展情况，认为西欧国家的农业一体化组织形式分为完全的一体化和不完全的一体化，与美国基本类似，这两种组织形式还可细分为合同或农工综合体、产供销联合型合作社、非农资本公司直接开办的农业公司、多种资本控股型混合（合作）联益公司四种。③ 梁开竹则主要分析了我们的邻国这个小型农业发展国家——日本农业产业化的发展，日本的农业产业化组织形式以农协为主，农协成为一个几乎涵盖日本全体农民的庞大的组织体系，日本农协为农户提供了农产品从生产到销售整个过程的系统服务。④ 冯中朝认为，以色列农业是一种典型的科技型农业，其产业化形式包括基布兹（Kibbutz）、莫沙夫（Mashav）和莫沙瓦（Mashaha）三种，基布兹类似集体农庄，是一种集体共产主义式的经济组织，莫沙夫是一种以家庭农场为基础的社区型合作组织，莫沙瓦是一种个体农场。⑤ 解柠羽对美国和日本的农业产业化组织形式进行了比

---

① 陈帅. 试议农业产业化组织形式存在问题及完善对策［J］. 现代农业，2017（5）.
② 柴彭颐，周洁红. 发达国家农业产业化经营的经验及对我国的启示［J］. 浙江学刊，1999（1）.
③ 贾生华. 农业产业化国际经验研究［M］. 北京：中国农业大学出版社，1999：11.
④ 梁开竹. 借鉴日本经验，推进我国农业产业化的发展［J］. 广州市财贸管理干部学院学报，2003（11）.
⑤ 冯中朝. 以色列农业科研的特点［J］. 世界农业，1998（9）.

较，认为美国的农业产业化组织在横向联合上可分为农业销售合作社、农业生产合作社、农业供应合作社、农业信贷合作社四种形式，在纵向上可分为垂直式一体化的农业公司、大企业或大公司与农场主签订契约式的一体化组织、大农场主自己成立组织进行加工和销售三种形式。而日本的农业产业化主要采取了以工商业资本为主体的垂直一体化和以农协为主体的平行一体化经营两类模式。① 李含悦认为，国外农民合作组织发展都有自己的特色，其运营模式对我国农业产业化发展具有借鉴意义。他着重分析了美国、日本、法国和德国的典型经验和发展模式，认为美国是区域性大农业经营，日本是高效率小农户经营，法国是强政府协调推动型，德国是严密性网络状经营，英国是多样式特色化服务，韩国是自助式主人翁经营。②

三、乡村振兴与农业产业化的互动发展研究

（一）乡村振兴与现代农业产业的关系研究

唐燕认为我国新时代背景下实现乡村振兴的必经之路和实施乡村振兴战略的重要引擎是现代农业产业集聚，同时，在高度认识现代农业产业集聚促进乡村振兴的基础上，深入分析研究影响乡村振兴背景下现代农业产业集聚发展的因素，以找到乡村振兴战略下现代农业产业集聚的对策建议，通过规模化和集聚化推动我国农业农村现代化发展。③ 魏薇认为还需挖掘农村产业融合的主要路径选择和实现农村产业深度融合的研究，同时，基于传统农业和原材料生产制造业融合、农业生产与消费性服务业融合、传统农业转型升级为特色农业、农村自然人文与现代休闲观光旅游融合等总结了农业产业融合的路径，并针对融合后的特性提出了对策建议，提出要积极打造农业原材料生产制造业农村基地、建立便捷农业生产生活的消费性服务产业、打造对接终端消费市场的特色生态种养园以及打造人文和自然并举的生态旅游示范村庄。④ 许皓月认为，乡

① 解柠羽. 美日农业产业化比较研究［D］. 长春：吉林大学，2005.
② 李含悦. 国外农业合作组织发展经验对农业产业化联合体建设的启示［J］. 改革与战略，2018（12）.
③ 唐燕. 乡村振兴战略下对现代农业产业集聚的再思考［J］. 农村经济与科技，2019（6）.
④ 魏薇. 乡村振兴战略下推动农业产业融合发展对策建议［J］. 农业经济，2020（4）.

村经济最基本的依托是农业，要实现农业农村现代化，实现乡村振兴产业兴旺是重点。他在对保定阜平县现代农业产业发展现状进行实地调研的基础上，详尽分析了阜平县现代农业产业发展的积极因素和不利因素，以及如何趋利避害并结合该县的资源禀赋找到现代农业产业发展的方向，为其他贫困地区现代农业发展提供了理论支撑和经验借鉴。①

（二）农业产业化组织形式——合作社在农业产业链中的服务功能及其影响因素研究

左两军等提出农业产业链包含了上游、中游以及下游产业链。② 从产业链中游看，合作社扮演着实干者和监督者的角色；从产业链下游看，合作社肩负着创新者、推进者和完善者的责任。③ 刘圣春、隆定海认为，合作社在农业产业链中的功能主要是引导农民、带动农民，解决农业产业发展融资困难，提供智力支持，起延伸、激活与聚合的作用。合作社可以解决农业小生产和大市场衔接之间的难题，这是因为合作社的发展可以让农户不直接面对市场从而不仅节约交易成本，让农业产业链各环节经济剩余得以保留在农业产业内部，不断丰富农业产业的自身积累，从而增强农业产业的竞争力④。黄祖辉等认为，合作社的服务功能主要体现在产前、产中和产后三个环节，分别是生产物资的供给服务、农业技术服务和销售服务等。⑤ 扶玉枝试图论证合作社提供的社会化服务体系对农业产业链发展的促进作用，主要是基于合作社产前、产中、产后和融资服务供给现状，实证分析找到影响产前、产中、产后和融资服务供给的因素。⑥ 彭青秀主要探讨了合作社的聚合功能，合作社可以将分散的农户聚合起来，有

① 许皓月. 乡村振兴战略下对贫困山区发展现代农业产业的思考——基于保定市阜平县现代农业产业发展分析 [J]. 河北农业科学，2018 (6).
② 左两军，张丽娟. 农产品超市经营对农业产业链的影响分析 [J]. 农村经济，2003 (3).
③ 韩秋明. 农民专业合作社信息服务消费的作用力分析——基于农业产业链与价值链的视角 [J]. 图书情报知识，2015 (5).
④ 刘圣春，隆定海. 基于农业产业链的农民专业合作社的作用与发展路径研究 [J]. 长春理工大学学报（社会科学版），2012 (1).
⑤ 黄祖辉，高钰玲. 农民专业合作社服务功能的实现程度及其影响因素 [J]. 中国农村经济，2012 (7).
⑥ 扶玉枝，李琳琳，赵兴泉. 合作社农业产业链服务供给及其影响因素分析 [J]. 农林经济管理学报，2017 (3).

效整合各方资源，增强农民的话语权，延伸与壮大农业产业链。① 廖祖君、郭晓鸣基于四川某县猕猴桃合作社与土地股份合作社实证分析探讨了合作社等在农业生产—加工—销售三个环节中的功能。② 我国多数合作社组织形式相对松散，服务主要是面向产中技术支持，在产前和产后环节难以发挥作用。面对合作社发展的这些问题，学者们提出了自己的看法。戴孝悌认为，要实现农业产业的发展，就要推进以合作社为主体的农业产业一体化经营，改变过去只面向产中技术支持的缺点，向产前和产后环节延伸，实现农业产业链整体价值最大化。③ 扶玉枝等认为，要增强合作社服务能力就应鼓励合作社之间的联合与合作，例如，有的合作社有运输和加工，有的合作社则没有，经过合作之后，合作社可以节约一些资源的付出，实现互动与互补，实现互利共赢。④

（三）农业产业化的多种组织形式促进乡村振兴的作用机理研究

程天云主要从城镇化的视角探讨农业产业化的作用，认为农业产业化的发展加快了城乡融合。专业市场的建设促进了小城镇的发展，农民致富后向集镇的聚集和加工业的发展，加快了小城镇和农村地区的基础设施建设，农业产业化发展也推动了城乡生产要素的优化配置，加快了城乡一体化步伐。⑤ 韦曙林认为，发展农业产业化与农民专业合作组织，有助于提高农业的市场集中度、增强农业市场竞争力与经济实力，应把传统农业改造成为现代农业，改变过去的城乡二元结构，以实现城乡一体化。⑥ 舒刚认为，农业产业化经营优化配置了生产要素，促进城乡经济共同发展；农业产业化经营为城镇发展构建了产业支撑，加快了农村城镇化进程；农业产业化经营促进了农村社会转型和农民生产生活方式的改变。⑦ 唐仁健等认为，要构建现代农业产业体系，就要大力推

---

① 彭青秀. 基于农业产业链视角的农民专业合作社经营模式研究［J］. 河南农业大学学报，2016（1）.
② 廖祖君，郭晓鸣. 中国农业经营组织体系演变的逻辑与方向：一个产业链整合的分析框架［J］. 中国农村经济，2015（2）.
③ 戴孝悌. 中国农业产业价值链现状、问题与对策分析［J］. 农业经济，2016（1）.
④ 扶玉枝，李琳琳，赵兴泉. 合作社农业产业链服务供给及其影响因素分析［J］. 农林经济管理学报，2017（3）.
⑤ 程天云. 依托农业产业化推进城乡一体化的机理与对策研究［D］. 杭州：浙江大学，2004.
⑥ 韦曙林. 农业产业化、农民专业合作组织与城乡一体化［J］. 调研世界，2008（9）.
⑦ 舒刚. 农业产业化是推进城乡一体化的重要途径［J］. 农村建设，2005（1）.

进农村一二三产业融合发展，这样可以打破产业边界，拓展农村生产生活和生态功能，培育乡村振兴提出的农业农村发展的新动能，延伸和丰富农业产业链。^① 张晓山认为，合作社是农村产业融合的重要载体，合作社的资源动员能力、服务能力和带动农民增收作用十分明显。^② 汤洪俊等认为，我国超过 50%的合作社不仅提供了产加销一体化服务，还在一些领域进行了扩展，如农产品加工、乡村旅游和农产品电商等^③。刘北桦等通过考察我国合作社的发展实践认为，合作社参与农村产业融合可以缓解一些发展困境，还可以增加农民收入，对实现乡村振兴意义深远。^④ 廖祖君认为，在未来以产业链整合为核心的农业经营组织体系演变中，农民合作社的作用不可小觑，为此应加强制度设计使农民合作社进一步走向规范化和标准化，提升其在农业中的产业整合能力，消除推进农业产业化与保护农民利益在某种程度上的"二律背反"^⑤ 现象。^⑥ 芦千文等基于湖北省宜昌市调查分析推进农村一二三产业融合发展的思考，为提升融合质量重点考察了农业农村功能拓展、种植业重组主导的循环经济等模式。^⑦ 合作社在推进产业融合的进程中面临着一些困境，这些困境主要是生产要素瓶颈约束、经营主体发育迟缓、相关行业发展水平不高和农村各产业之间融合水平低。王乐君等认为，要更好地发挥政府和市场作用，促进合作社和农户内生发展，促进龙头企业带动农村产业融合发展，让农户不仅参与到第二、

---

① 唐仁健，吴宏耀，张建军，何予平，李文明. 破解农民增收难题的"金钥匙"［N］. 农民日报，2016 - 08 - 30.

② 张晓山. 创新农业基本经营制度发展现代农业［J］. 农业经济问题，2006（8）.

③ 汤洪俊，朱宗友. 农村一二三产业融合发展的若干思考［J］. 宏观经济管理，2017（8）.

④ 刘北桦，詹玲. 农业产业扶贫应解决好的几个问题［J］. 中国农业资源与区划，2016（3）.

⑤ "二律背反"是德国哲学家康德提出的一个哲学概念，指的是各自依据普遍承认的原则建立起来的、公认为正确的两个命题之间的矛盾和冲突。在很多时候，推进农业产业化经营和保护农民利益的政策目标之间存在此消彼长的"二律背反"关系。比如，推进农业产业化经营要求引入农产品加工型企业建立原料供应基地，农民只是充当土地经营权的提供者或者原料生产者，处于农业价值链的最低端；而保护农民利益又要求维护家庭经营的主体地位，避免工商资本大规模长期流转农民土地，防止企业与农民争利。两者作用的最终结果，要么是企业不愿意下乡从事农业产业化经营，要么是农民被挤出农业现代化进程之外。因此，以农民专业合作社为龙头来整合产业链，将能在一定程度上解决推进农业产业化经营与保护农民利益背道而驰的问题，在制度设计上消除"二律背反"现象。

⑥ 廖祖君，郭晓鸣. 中国农业经营组织体系演变的逻辑与方向：一个产业链整合的分析框架［J］. 中国农村经济，2015（2）.

⑦ 芦千文，姜长云. 关于推进农村一二三产业融合发展的分析与思考——基于对湖北省宜昌市的调查［J］. 江淮论坛，2016（1）.

第三产业发展中，还要完善其利益联结机制，保证农户在其中的利益；同时，为让农户获得更多利益就要大力发展优势主导产业，发展新产业新业态新模式，建立引导机制、激励机制和共享机制。①

四、研究述评

关于乡村振兴研究，学术界主要从乡村振兴战略的内涵界定和实施路径进行了诠释，拓展了其外延，并基于两种思路，从宏观、中观、微观层面论述了如何有效推进乡村振兴的全面发展，研究较为深入。学术界也有关于乡村振兴与现代农业产业的关系研究、农业产业化组织形式中具体的组织形式与乡村振兴的关系研究等。本书将农业产业化组织形式置于乡村振兴大背景下，从理论和实证方面对我国农业产业化发展实践中的主要组织形式进行多维分析，以动态优化现存的组织形式。

第一，国外的农业一体化理论研究注重微观和实证研究，研究侧重主要是基于农业一体化企业发展和组织结构的变化。我国农业产业化发展的背景与发达国家不一样，我们必须借鉴农业一体化的相关理论，创新发展我国农业产业化组织形式。国外农业一体化的研究以实证研究为主，这应该成为我国农业产业化研究的重点。

第二，我国对农业产业化组织形式的划分差异很大，缺乏统一的认识；对农业产业化组织形式的选择，不同学者从不同角度提出了不同的看法；对于农业产业化组织形式选择的研究，缺乏从宏观、微观两个层次进行的全面分析。在研究方法上，国内的研究方法也在不断地发展和丰富，如果能更多地采用实证和各种比较分析方法，可能会有助于更加深入地分析农业产业化组织形式的综合效率及其对中国经济、社会和政治的影响，并为我国农业产业化组织形式的选择提供重要参考。

第三，乡村振兴与农业产业化的互动机理涉及较少，深入探讨相互促进的作用机制涉及更少。因此，具体探讨我国农业产业化的各种组织形式对农业农村现代化和乡村振兴具有重要意义。

---

① 王乐君，寇广增．促进农村一二三产业融合发展的若干思考［J］．农业经济问题，2017（6）.

本书将农业产业化组织形式置于乡村振兴这一背景下，从乡村振兴的视角，运用马克思主义的基本立场、观点、方法，从我国农业产业化现存组织形式入手，结合实证研究，借鉴组织效率理论，构建一个分析框架对比分析我国农业产业化组织形式的影响因素、组织目标和运行效率，总结我国农业产业化组织形式的各种优缺点。针对当前农业产业化组织形式的发展中所面临的宏观、微观层面的问题，本书进行了较为深入的探讨，并对发展和创新我国农业产业化组织形式提出相应的对策。另外，本书选取三个典型农业产业一体化的代表国家——美国、法国和日本，对这三个典型国家的农业组织形式进行比较，从中找出一些对我国有借鉴和启发意义的经验和做法。

第三节　本书研究方法和技术路线

一、研究方法

（一）采用理论分析和实证分析相结合的方法

本书主要运用马克思主义的基本立场、观点及方法，从我国农业产业化现存组织形式入手，结合实证研究，借鉴组织效率理论对当前农业产业化组织形式的发展所面临的宏观、微观层面的问题进行较为深入的分析，并对发展和创新我国农业产业化组织形式提出了相应的对策。

（二）采用归纳对比与规范分析的方法

本书运用组织效率理论，从影响因素、组织目标和运行效率三个方面对我国农业产业化组织形式进行对比分析，总结了我国农业产业化组织形式的优缺点。本书选择了农业产业化发展较好的代表国家如美国、法国和日本进行分析，并对这三个典型国家的农业组织形式进行比较，从中找出一些对我国有借鉴和启发意义的经验及做法，同时也利用这些国家的实践来进一步证明本书研究的有关理论和观点。

（三）运用文献研究的方法

本书根据图书馆资料和网络资料，并充分利用互联网现代化的工具来收集和整理最新的理论知识，分析农业产业化及其组织形式发展的现状。另外，本书通过结合广东的一些农业产业化经营组织形式的案例，对研究所涉及的理论进行检验和证明，为中、西部地区提供一定的经验参考。

二、技术路线

本书的技术路线如图 1.1 所示。本书将农业产业化置于乡村振兴背景下，阐述乡村振兴与农业产业化的互动机理，以我国农业产业化组织形式为对象，深入分析农业产业化及其组织形式基本理论，选取三个典型农业产业一体化的代表国家——美国、法国和日本作为研究对象，对这三个典型国家的农业组织发展进行比较，从中找到对我国有借鉴和启发意义的经验与做法。在借鉴学术界对我国农业产业化组织形式划分（龙头企业带动型、专业市场带动型和中介组织带动型）的基础上，本书结合案例及运用组织效率理论，构建了一个分析框架对这三种组织形式进行比较分析，探讨我国农业产业化及其组织形式发展的动力与困境，进而提出完善和创新我国农业产业化组织形式的设想及对策建议。

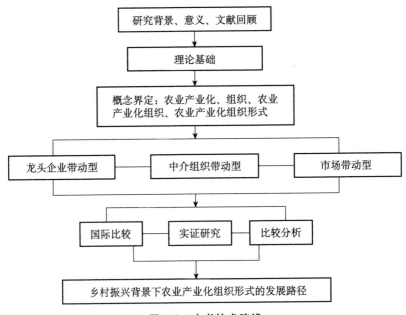

图 1.1　本书技术路线

第四节　本书基本框架及主要内容

本书分别从基础理论、案例分析和现实问题三个层面展开研究。首先，本书对乡村振兴与农业产业化的基础理论进行研究，从阐释乡村振兴、农业产业化、农业产业化组织和农业产业化组织形式的核心理念着手，探讨乡村振兴与农业产业化的关系，进一步深入分析龙头企业带动型、专业市场带动型和中介组织带动型三种农业产业化组织形式与乡村振兴的关系。其次，本书结合广东现代农业产业发展的实践，对实践中的农业产业化组织形式问题进行理论与现实的探究。最后，本书针对农业产业化组织形式发展的对比分析，探讨我国农业产业化及其组织形式发展的创新路径。

第一章为导言。本章阐述了本书研究的背景和研究意义，总结了乡村振兴的研究现状，剖析了国内外对农业产业化及其组织形式的研究动态和研究方法，在此基础上，提出了本书的研究内容、研究方法和技术路线。

第二章为乡村振兴与农业产业化的理论基础。本章系统地阐释了乡村振兴、农业产业化、组织、农业产业化组织和农业产业化组织形式的概念及其研究的现实意义，分析了农业产业化发展的过程和理论依据，重点探讨了农业产业化与乡村振兴的互动关系。产业振兴是实施乡村振兴战略的重点任务，是城乡融合发展的重要基础，是巩固脱贫攻坚战的重要举措；农业产业化是实现产业振兴的关键环节，农业产业化有利于促进农业劳动力转移，加快乡村产业互动，有利于调整农业产业结构，加快乡村经济社会发展，有利于推动城市化发展，促进农村产业调整，有利于夯实农村经济发展，促进乡村产业振兴。

第三章为乡村振兴背景下农业产业化组织形式发展的内在机理。本章介绍了我国农业产业化组织形式确定的五个原则、我国农业产业化组织形式概况以及我国农业产业化基本组织形式。根据学术界已有的成果和我国农业产业化发展实践，本章选取和探讨了龙头企业带动型、专业市场带动型和中介组织带动型这三种组织形式的内涵、特征和类别，并根据它们不同的组织特征阐述了其与乡村振兴发展的关系。

第四章为农业产业化及其组织形式发展的国际借鉴。本章选取了农业产业一体化的代表国家——美国、法国和日本，对这三个典型国家的农业及其组织形式发展进行比较分析，从中找出一些对我国有借鉴和启发意义的经验与做法。具体如下：把握差异化趋势，强化农业产业化组织辐射力；完善市场化机制，提升农业产业化组织运行力；深化农产品加工，加强农业产业化组织竞争力；夯实政府扶持力，增强农业产业化组织生存力；深化合作社发展，培育农业产业化组织创新力；推动信息化发展，提升农业产业化组织影响力；推动法治化兴农，筑牢农业产业化组织控制力。

第五章为乡村振兴背景下我国农业产业化组织形式多维分析。本章选取广东省的三个案例，分别阐述了龙头企业带动型、专业市场带动型和中介组织带动型这三种组织形式的优劣，并借助组织效率理论分析这三种组织形式在影响因素、组织目标和运行效率方面的优缺点。基于以上分析，我国当前这三种农业产业化组织形式的困境逐渐明朗，主要存在以下问题：市场体制机制不健全，利益联结机制不畅通，组织治理机制不完善，产业组织发展不平衡，组织发展资金不充足。

第六章为乡村振兴背景下农业产业化组织形式的发展路径。本章根据上述分析的我国农业产业化组织形式存在的问题，借鉴国外农业发展经验，逐步明确农业产业化组织形式创新的原则，找到我国农业产业化组织形式发展的创新路径，以加快推进乡村振兴。因此，我国应完善龙头企业利益联结机制，实现城乡产业互动；积极支持专业市场组织农民，助推现代农业发展；强化合作组织中介创新发展，筑牢联结城乡纽带；厘清市场与政府职能，完善农业产业化制度保障；深化金融体制的改革，拓展农业产业化融资渠道。

第二章 乡村振兴与农业产业化的理论基础

党的十九大报告指出，"产业兴旺、生态宜居、乡风文明、治理有效、生活富裕"是实施乡村振兴战略的总要求，产业兴旺是其中第一要求。产业兴旺是新时代乡村产业更高质量发展的必然要求。[①] 随着乡村振兴战略的提出，国家进一步提高了对农村经济发展的重视程度。要促进农村经济的进一步发展，就必须加快农业的产业化进程，这是当今时代农业技术不断发展与生产工具更新的必然选择，也是社会科技进步的必然结果。农业产业化实际上指的就是将经济效益作为中心，坚持市场导向的基本原则，促进传统农业朝着现代农业的发展方向前进。要实现我国农业农村的现代化发展目标，就必须加快农业产业化进程，改造传统农业技术，不断解放农村劳动力，实现农业产量的增加与质量的提升，进而提高农民的生活水平，使农村经济得到健康有序的发展。乡村振兴与农业产业化两者并不是无源之水，都有着深刻的理论基础。

第一节 乡村振兴战略的由来与内涵

乡村是具有自然、社会、经济特征的地域综合体，兼具生产、生活、生态、文化等多重功能，与城镇互促互进、共生共存，共同构成人类活动的主要空间。乡村兴则国家兴，乡村衰则国家衰。党的十九大报告指出，中国特色社会主义进入新时代，我国社会主要矛盾已经转化为人民日益增长的美好生活需

① 李国祥. 实现乡村产业兴旺必须正确认识和处理的若干重大关系 [J]. 中州学刊, 2018 (1).

要和不平衡不充分的发展之间的矛盾。① 这个主要矛盾在我国乡村最为突出，我国仍处于并将长期处于社会主义初级阶段的特征很大程度上也表现在乡村。全面建设社会主义现代化国家新征程最艰巨最繁重的任务在农村，最广泛最深厚的基础在农村，最大的潜力和后劲也在农村。实施乡村振兴战略，是解决新时代我国社会主要矛盾、实现"两个一百年"奋斗目标和中华民族伟大复兴中国梦的必然要求，具有重大现实意义和深远历史意义。为准确把握乡村振兴战略，我们应厘清乡村振兴战略的生成背景、理论渊源和内涵阐释。

一、乡村振兴战略的生成背景

改革开放以来，由于城市经济体制改革和农村家庭联产承包责任制的推行，社会生产力有了巨大进步，我国经济发展迅速，秩序良好。即便如此，我国依然没有改变城乡二元结构的发展态势，城乡居民收入差距较大。虽然我国近几年来城乡居民收入差距在逐年缩小，但城乡公共事业和社会事业仍存在较大差距。2019 年全国居民人均可支配收入 30 733 元。其中，城镇居民人均可支配收入 42 359 元，农村居民人均可支配收入 16 021 元。按全国居民五等份收入分组，低收入组人均可支配收入 7 380 元，中间偏下收入组人均可支配收入 15 777 元，中间收入组人均可支配收入 25 035 元，中间偏上收入组人均可支配收入 39 230 元，高收入组人均可支配收入 76 401 元。全国农民工人均月收入 3 962 元。②

乡村振兴作为国家战略，是关系全局性、长远性、前瞻性的国家总布局，是国家发展的核心和关键问题。乡村振兴正是关系到我国是否能从根本上解决城乡差别以及乡村发展不平衡、不充分的问题，也关系到中国整体发展是否均衡以及是否能实现城乡统筹、农业一体化可持续发展的问题。在城乡二元结构下，由于农村居民收入偏低，农民收入增长速度缓慢，农村居民即使有消费意愿，也没有消费能力，这样不仅直接影响了农村居民的消费水平，也制约了农

---

① 习近平. 决胜全面建成小康社会，夺取新时代中国特色社会主义伟大胜利——在中国共产党第十九次全国代表大会上的报告 [M]. 北京：人民出版社，2017：32.

② 国家统计局网站. 中华人民共和国 2019 年国民经济和社会发展统计公报 [EB/OL]. http：// www. stats. gov. cn/tjsj/zxfb/202002/t20200228_ 1728913. html.

村市场规模的扩大，还会造成很多工业产能过剩。我国近几年工业生产过剩的事实也已经证明了这一点。城乡要素市场的分割，使城乡一体化难以实现。改革开放后，农业部门出现了大量的剩余劳动力，这严重制约了农业劳动生产率的提高，阻碍了农业生产的发展。旧的农业经营模式已经成为影响农民收入增长的桎梏，而规模化、现代化和专业化的农业经营模式又难以实现。这样的现实就要求我国农村在下一个时期要允许土地适度规模化经营，将分散的农户组织起来，实行规模化、产业化和专业化经营，这样才能让农民准确地把握市场信息，保证农民的主体地位，增加农民的收入。党的十九大报告提出把乡村振兴战略作为党和国家重大战略，这是基于我国社会现阶段发展的实际需要而确定的，是中国特色社会主义建设进入新时代的客观要求。中共中央 2004～2020 年连续十七年发布以"三农"为主题的中央一号文件，并出台了多项政策措施鼓励帮助乡村地区的发展振兴，强调了"三农"问题在中国社会主义现代化建设中"重中之重"的地位，国家始终把解决"三农"问题作为党的工作的重中之重。

二、乡村振兴战略的理论渊源

究其理论来源，乡村振兴战略思想不是无源之水，马克思主义关于农村发展和城乡融合发展的思想是乡村振兴战略重要的理论来源。马克思主义关于农村发展和城乡融合发展的思想主要体现在以下几个方面。

（一）农业的基础地位

马克思指出："食物的生产是直接生产者的生存和一切生产的首要的条件。"[1] 恩格斯在《家庭、私有制和国家的起源》中指出："农业是整个古代世界的决定性的生产部门，现在它更是这样了。"[2] "农业劳动是其他一切劳动得以独立存在的自然基础和前提。"[3] "剩余价值的全部生产，从而资本的全部发展，按自然基础来说，实际上都是建立在农业劳动生产率的基础上的……超过

---

① 马克思. 资本论（第三卷）[M]. 北京：人民出版社，2018：715.
② 马克思恩格斯选集（第四卷）[M]. 北京：人民出版社，1995：149.
③ 马克思恩格斯全集（第二十六卷）第一册 [M]. 北京：人民出版社，1972：28-29.

劳动者个人需要的农业劳动生产率，是全部社会的基础，并且首先是资本主义生产的基础。"① "更进一步考察就是，因为食物的生产是直接生产者的生存和一切生产的首要的条件，所以在这种生产中使用的劳动，即经济学上最广义的农业劳动，必须有足够的生产率，使可供支配的劳动时间不致全被直接生产者的食物生产占去；也就是使农业剩余劳动，从而农业剩余产品成为可能。"② 恩格斯指出："马克思发现了人类历史的发展规律，即历来为繁芜丛杂的意识形态所掩盖着的一个简单事实：人们首先必须吃、喝、住、穿，然后才能从事政治、科学、艺术、宗教等等；所以，直接的物质的生活资料的生产，从而一个民族或一个时代的一定的经济发展阶段，便构成基础，人们的国家设施、法的观点、艺术以至宗教观念，就是从这个基础上发展起来的，因而，也必须由这个基础来解释，而不是像过去那样做得相反。"③ 马克思主义从农业劳动是一切剩余劳动的基础、农业在社会分工中的地位和人类历史的发展规律等方面详尽地论述了农业的基础地位。

(二) 城乡对立

"社会上的一部分人用在农业上的全部劳动——必要劳动和剩余劳动——必须足以为整个社会，从而也为非农业劳动者生产必要的食物；也就是使从事农业的人和从事工业的人有实行这种巨大分工的可能，并且也使生产食物的农民和生产原料的农民有实行分工的可能"④，这时候城与乡的分离也就理所当然了，而且"物质劳动和精神劳动的最大的一次分工，就是城市和乡村的分离"⑤。换言之，"从事加工工业等等而完全脱离农业的工人的数目，取决于农业劳动者所生产的超过自己消费的农产品的数量。'显然，不从事农业劳动而能生活的人的相对数，完全取决于土地耕种者的劳动生产率'"⑥，"一个民族内部的分工，首先引起工商业劳动同农业劳动的分离，从而也引起城乡的分离

---

① 马克思. 资本论（第三卷）[M]. 北京：人民出版社，2018：888.
② 马克思. 资本论（第三卷）[M]. 北京：人民出版社，2018：715－716.
③ 马克思恩格斯选集（第三卷）[M]. 北京：人民出版社，1995：776.
④ 马克思. 资本论（第三卷）[M]. 北京：人民出版社，2018：716.
⑤ 马克思恩格斯选集（第一卷）[M]. 北京：人民出版社，1995：104.
⑥ 马克思恩格斯全集（第二十六卷）第一册 [M]. 北京：人民出版社，1972：22.

和城乡利益的对立"。① 马克思在《资本论》中提出,"一切发达的、以商品交换为中介的分工的基础,都是城乡的分离。可以说,社会的全部经济史,都概括为这种对立的运动"。②恩格斯在《反杜林论》中也指出,"到目前为止的一切生产的基本形式是分工""第一次社会大分工是城市和乡村的分离"。③ 因此,城乡、工农间的差别是社会分工的结果。"第一次大分工,即城市和乡村的分离,立即使农村人口陷于数千年的愚昧状况,使城市居民受到各自的专门手艺的奴役。它破坏了农村居民的精神发展的基础和城市居民的体力发展的基础。……由于劳动被分割,人也被分割了。"④ "城市已经表明了人口、生产工具、资本、享受和需求的集中这个事实;而在乡村则是完全相反的情况:隔绝和分散。"⑤ "资本主义生产一旦占领农业,或者依照它占领农业的程度,对农业工人人口的需求就随着在农业中执行职能的资本的积累而绝对地减少,而且对人口的这种排斥不像在非农业的产业中那样,会由于更大规模的吸引而得到补偿。"⑥ 马克思主义认为城乡分离是历史的必然,是人类历史上最大的一次社会分工,并分析了城乡分离带来农村发展衰落。马克思对于资本主义下城乡关系所造成的社会不平等的揭露,为代替旧社会的未来新社会的城乡关系厘清了解决问题的思路。

(三)城乡融合

"消灭城乡之间的对立,是社会统一的首要条件之一,这个条件又取决于许多物质前提,而且一看就知道,这个条件单靠意志是不能实现的(这些条件还须详加探讨)。"⑦ "彻底消灭阶级和阶级对立;通过消除旧的分工,通过产业教育、变换工种、所有人共同享受大家创造出来的福利,通过城乡的融合,使社会全体成员的才能得到全面发展。"⑧ "城市的繁荣也把农业从中世纪的简陋状态中解脱出来了。不仅耕地面积扩大了,而且染料植物以及其他输入

---

① 马克思恩格斯选集(第一卷)[M]. 北京:人民出版社,1995:68.
② 马克思. 资本论(第一卷)[M]. 北京:人民出版社,2018:408.
③ 马克思恩格斯选集(第三卷)[M]. 北京:人民出版社,1995:640.
④ 马克思恩格斯选集(第三卷)[M]. 北京:人民出版社,1995:642.
⑤ 马克思恩格斯选集(第一卷)[M]. 北京:人民出版社,1995:104.
⑥ 马克思. 资本论(第一卷)[M]. 北京:人民出版社,2018:739-740.
⑦ 马克思恩格斯全集(第三卷)[M]. 北京:人民出版社,1960:57.
⑧ 马克思恩格斯选集(第一卷)[M]. 北京:人民出版社,1995:243.

的植物品种也种植起来了，这些植物需要比较细心的栽培，对整个农业起了很好的影响。"① "消灭城乡对立不是空想，不多不少正像消除资本家与雇佣工人的对立不是空想一样。消灭这种对立日益成为工业生产和农业生产的实际要求。"② "最先进的国家几乎都可以采取下面的措施：把农业和工业结合起来，促使城乡对立逐步消灭。"③ "只有使人口尽可能地平均分布于全国，只有使工业生产和农业生产发生紧密的联系，并适应这一要求使交通工具也扩充起来——同时这要以废除资本主义生产方式为前提，——才能使农村人口从他们数千年来几乎一成不变地在其中受煎熬的那种与世隔绝的和愚昧无知的状态中挣脱出来"④ "从大工业在全国的尽可能均衡的分布是消灭城市和乡村的分离的条件这方面来说，消灭城市和乡村的分离不是什么空想。"⑤ 马克思主义认为生产力高度发展和消灭私有制是实现城乡融合的条件。对于未来社会的城乡特征所作的预见，反映在当代中国社会主义现代化建设的内容中，对我国城乡融合有重要指导作用。

三、乡村振兴战略的内涵阐释

中共中央、国务院印发的《乡村振兴战略规划（2018 - 2022 年)》中指出，应按照"产业兴旺、生态宜居、乡风文明、治理有效、生活富裕"的总要求实施乡村振兴。二十字的总要求从经济、生态、文化、社会和民生五个维度进行了高度凝练，构成了一个相互联系、相辅相成、息息相关的有机整体。

（一）基于经济维度考量的产业兴旺是实施乡村振兴的首要任务和不竭动力

乡村产业振兴是指乡村农业振兴和乡村二、三产业振兴的统一，是农村传统产业的发展和农村新产业新业态发展的统一。农村产业振兴的核心要义是实现农业高质量发展。随着全面建成小康社会的实现，我国农业生产需求已经从量转变为质，这要求必须走质量兴农道路来实现农业高质量发展促进乡村振

---

① 马克思恩格斯全集（第七卷）[M]. 北京：人民出版社，1959：387.
② 马克思恩格斯选集（第三卷）[M]. 北京：人民出版社，1995：215.
③ 马克思恩格斯选集（第一卷）[M]. 北京：人民出版社，1995：293 - 294.
④ 马克思恩格斯选集（第三卷）[M]. 北京：人民出版社，1995：215.
⑤ 马克思恩格斯选集（第三卷）[M]. 北京：人民出版社，1995：647.

兴。乡村产业振兴的重要目标是解决农村相对贫困。中国绝对贫困基本消失后，中国贫困治理将转向对相对贫困、城乡贫困、多维贫困、能力贫困、系统贫困的治理，有利于促进和实现向共同富裕的贫困治理转变。产业振兴的内在要求是实现农村一二三产业融合。为增加农民的就业机会，拓宽农业农村的增值空间，这就要求必须走农村一二三产业融合发展的道路，实现产前、产中和产后以及休闲服务有机联动促进乡村振兴。乡村振兴的引擎和动力是培育发展新产业新业态。乡村产业振兴不仅要有产业规模和效益的发展，还要有增长方式的转变，过去的增长主要是要素投入带动规模增长，新时代应该更强调以新产业新业态为驱动的发展，这已经成为农业农村经济新的增长点和当前我国深入推进农业供给侧结构性改革的重要内容。

（二）基于生态维度考量的生态宜居是实施乡村振兴的关键环节和重要考量

生态宜居中的生态指的是要保护生态环境，坚持绿色导向。生态导向，则是要保护生态环境，坚持人与自然和谐共生。乡村振兴就是要改变农村以前的过度依靠消耗农业资源的发展方式。习近平总书记在 2013 年就曾指出，良好生态环境是最公平的公共产品，是最普惠的民生福祉。[①] 生态宜居指的不仅是居住环境适宜农民群众，还指使他们的物质和精神上双重需要得以满足。我国千百年来农村发展实践表明，不能用城市化的视角盲目规划农村居住格局，而且农民已适应了长期原子化生存状态下的居住空间，因此，就地改善现有的居住环境和居住格局是较为合理的方式。生态宜居是绿色的、低碳的、可持续的居住环境。我国广大农村自然资源丰富、生态发展良好，使农民群众有了赖以生存的良好的自然生态。在农业生产实践中，各个不同的农业环节互补可以实现农业绿色低碳循环利用，使农村社会生态可持续发展，例如，乡村养殖业的粪便可作为种植业的肥料，既实现了废物利用、低碳环保，又节约成本。

（三）基于文化维度考量的乡风文明是实施乡村振兴的推动力量和软件基础

乡风文明是乡村自然条件和社会文化共同作用的结果，是乡村在长期发展实践过程中沉淀下来的精神风貌、文化习俗、风气、思维观念和行为方式的综

---

① 中共中央文献研究室. 习近平关于全面深化改革论述摘编［M］. 北京：中央文献出版社，2014：107.

合。乡风文明虽然是一种软件基础，但对乡村振兴可以起到很好的效果。乡村千百年沉淀下来的传统文化、村风家风等对乡村治理产生重要影响。改革开放以来，农村经济快速发展，但是传统文化面临断裂风险。农民在物质生活改善之余，对精神文化生活的需求越来越强烈。然而，农村文化建设滞后依然是制约农村经济发展和农民素质提升的短板。新时代如何传承传统文化和重塑乡风文明，并让其成为实施乡村振兴的推动力量和软件基础，显得尤为重要。加强乡风文明建设，就要将优秀传统文化和先进文化的引领结合起来，将文化下乡的形式与农村本土文化内核结合起来，对传统文化和本土文化进行比较全面的挖掘整理，努力打造具有区域特色的文化品牌。以文化品牌创建为抓手，不仅能提升农民的文化生活品质，而且能提升乡风文明程度。

（四）基于社会维度考量的治理有效是实施乡村振兴的重要基石和社会基础

治理是以调和为基础的一个过程，治理的目的是要达到预期目标和效果。乡村社会作为中国社会的重要组成部分，乡村治理的目的是要走向善治。要实现国家治理体系与治理能力现代化建设的目标，实现乡村治理现代化不可或缺。农村安全与农民小康与否关乎中国现代化的实现，实现乡村治理善治目标则是实现国家治理体系和治理能力现代化建设的基础。乡村治理的关键在于协调各方利益主体的关系，并提升其治理能力，积极建设多元化的治理主体，最关键的是如何实现有效治理。中国乡村千百年来治理实践中，乡村发生的矛盾较少通过司法途径解决，而是由村规民约调和了，这种治理既高效且成本又低。随着全面深化改革，大量的人口流动和信息交换使乡村治理也出现了一些新问题，这就需要综合运用"自治、德治、法治"三治融合与叠加方式来共同治理乡村，实现乡村的有效治理，夯实乡村振兴的重要基石和社会基础。

（五）基于民生维度考量的生活富裕是实施乡村振兴的目标指向和根本要求

实现乡村振兴，生活富裕是根本。保证农民物质充实丰富、衣食无忧、生活便利，实现农民收入增长，使他们有着持续稳定的收入来源，实现城市和乡村协调发展促进共同富裕，既是乡村振兴的目标指向，也是实现社会主义现代化强国的根本要求。生活富裕分为物质生活富裕和精神生活富裕两个层面。物质生活富裕伴随着我国改革开放的发展而得以实现，但生活富裕中精神生活富裕比物质生活富裕更重要。随着改革开放的持续推进和城镇化的逐步发展，当前乡村精神生活面临一些困惑与挑战，信息化冲击了乡村传统文化，乡村传统节庆、集体活动、手艺、庙会等逐渐淡化。努力改善这种状况，重构乡村精神生活，实现乡村精神生活富裕，要进一步促进农村物质生活发展，加大农村基础设施建设和农村公共事业建设，让农民没有后顾之忧；要改善农村生产生活条件，发展农村集体活动舞台的载体；要进一步夯实农村精神文化建设，完善农村文化建设体制机制，切实以社会主义核心价值观引领农村文化建设方向，从农村实际和农民需求出发，让社会主义核心价值观活化、具象化，在农村落地生根；要加强农村公共文化服务体系建设，大力实施文化惠民项目，强化农民在农村文化建设中的主体地位，创造符合时代发展要求、农民喜闻乐见的文化形式，推动农村文化发展繁荣；要根据各地实际制定具体规划，建设农村文化市场，吸引各方力量参与农村文化建设，形成农村文化建设的强大合力。

第二节　农业产业化组织形式的理论机理与现实意义

农业产业化的提出与发展弥补了家庭联产承包责任制的诸多不足，它能够有效引导广大农户进入市场，成为转变农村经营方式的有效途径。

一、我国农业产业化的发展

（一）农业产业化的概念

农业产业化提出以来，学术界对此做出了多种界定，从有关阐述中可知，虽然学术界各自强调的重点有所不同，但是，对农业产业化本质特征的把握是基本一致的。其共同点主要表现在三个方面：一是农业产业化要以市场为导向，因为市场是优化配置农业资源要素的基础；二是农业产业化的本质特征是实现"种养加"、产供销、农工贸一体化经营；三是加快实现农业现代化必须以提高农业经济效益为中心。① 农业产业化是市场经济条件下不同于传统农业生产方式和组织制度形式的一种新机制，是实现我国农业农村现代化、解决我国"三农"问题、实现乡村振兴的有效途径。

农业产业化的理论阐述众多，本书在综合学术界已有成果的基础上，认为农业产业化就是按照产业发展规律，在稳定家庭联产承包经营的基础上，以市场为导向，以龙头企业或中介组织为纽带，用工业理念发展农业，将农业的产、加、销各环节联结为完整的产业体系，形成系统内有机结合的农业产业化组织形式，是实现农业产业化、一体化经营的过程。

（二）农业产业化的产生

加快我国农业产业化创新发展，推动传统农业向现代化农业转变，是提高农业生产效率和经济效益的必然选择。② 我国农业产业化的产生顺应了改革开放的时代背景，它是在深化农村家庭联产承包责任制的大背景下产生的，既是由传统农业向现代产业转变的必然过程，也是解决"三农"问题的重要手段。随着以家庭联产承包责任制为核心的农村改革和社会主义市场经济的逐步建立，农户成为经营主体，其积极性被充分调动，生产力有了极大的解放，农业也获得了极大的丰收。但是，随着改革的进一步发展和市场经济体制改革的进一步深入，这种分散的一家一户的小农经济在经济社会发展过程中逐渐暴露出农户"卖难"等一系列问题，农业发展的一些深层次矛盾也开始暴露。

1. 小生产与大市场之间的矛盾。在家庭联产承包责任制下，这种一家一户的家庭经营模式难以适应千变万化的正在发展的市场经济的步伐，主体分散，势单力薄，经济实力脆弱，缺乏信息，无法及时掌握市场需求状况，无力抵御由市场竞争、农产品价格波动带来的市场风险。而且，市场行情变幻莫测，单个的农户难以全面、准确地把握市场航向，并及时预测未来的变化情况，几千年形成的趋同心理，使其在实际生产中不能"反其道而行之"，在生产上往往彼此模仿，造成同上同下、大起大落。农户的组织化程度低，产前、产中、产后分离且脱节，农业生产效益低下。农业生产不仅延续着过去陈旧落后的商品交换和交易方式，而且在交换和交易时，市场上不平等的流通地位，导致流通

---

① 康爱荣. 我国农业现代化的诠释［J］. 甘肃社会科学，2005（1）.
② 王泳茹. 加快我国农业产业化创新发展的路径分析［J］. 人民论坛·学术前沿，2020（7）.

费用高以及农业发展速度和农民收入增长趋缓。

2. 农业经营小规模与农业农村现代化大目标之间的矛盾。小农户始终是中国农业的主要生产经营单位，但要素供需不平衡、生产条件不完善、制度配给不充分等问题，使小农经济基础依然薄弱。① 现代农业的根本出路在科技。实现农业现代化的目标要求农业生产技术、手段、管理、组织等方面有质的飞跃，以提高劳动生产率和农产品的商品率。然而，我国农村属于一家一户的家庭承包分散经营，规模狭小，这种狭小的规模经营不利于农业科技和农业机械化的普及、推广和应用，也不利于先进的管理机制在农村的培育和运行。显然，这会大大阻碍我国农业农村现代化的进程。

3. 农业经济效益低与社会效益高的矛盾。农业是国民经济的基础，不但具有非同一般的经济意义，也具有较高的社会效益，还具有鲜明的政治意义。农业既是一个基础产业，又是一个战略产业，还是一个弱质产业。农业具有天然的弱质性，是一个对自然资源依赖性很强的产业。农业生产不同于其他产业部门，具有生产周期长以及受一定时期生产力发展水平和市场价格波动影响大的特点，面临较多的自然风险和市场价格风险。同时，农业生产还面临农产品储藏技术含量高、运输困难大、操作成本高、经济效益低的困境。特别是长期以来，我国农业的产前、产中、产后各环节被人为分割，农产品的加工、销售等生产过程相分离。农户一般不能或很少直接和市场发生联系，农业发展带来的效益更多地被其他行业和部门分享。农民得不到相对较高的后续利益，更不能分享中间环节在流通与生产转化中所产生的平均利润，导致农业经济效益低。近几年农业经济效益低与社会效益高的矛盾日益突出。

为了解决上述矛盾，全国各地的农村都在探索解决方法。随着改革开放和市场经济的发展，农业产业化应运而生。农业产业化是 20 世纪 90 年代在我国发展起来的一种新的农业经营形式，是一种以工业发展的思维发展农业的新理念。其基本形式是"公司＋农户""专业市场＋农户""合作组织＋农户"等一体化经营形式。其基本特点是生产专业化、企业规模化、经营一体化和服务社会化。其实质是多方参与主体自愿结合的经济利益共同体。

---

① 杨芳. 社会网络对农户生产决策的影响研究 [D]. 重庆：西南大学，2019.

（三）农业产业化的特征

1. 布局区域化。布局区域化是指由于农业产业化受到区域的自然条件和社会经济状况的差异性影响，区域之间出现了不同的农业产业、不同的产品结构和不同的产业方式。各区域要依靠当地资源，发挥各自优势，选择主导产业和优势产品。布局区域化有利于充分发挥区域间的资源互补优势和比较优势，以市场为依托，进行资源的优化配置。

2. 产品商品化。产品商品化是指农业产业经营组织以从事生产、加工、销售商品为主，使农产品生产转变为商品生产。计划经济向市场经济转变以及农村实行家庭承包经营使我国农产品的产量迅速增加，这推动了我国开始由过去的自给性农业向商品性农业发展。农业产业化就是逐渐改变过去旧的经营体制，逐步创造农业产业化新的经营主体，实现不同经营主体间的合作，优化生产要素和整合各种资源，促进生产力水平的大力提升，进而不断带来商品市场供给的增加。[①]

3. 生产专业化。生产专业化是商品生产社会化的必然结果，是商品经济发展到一定阶段的产物。[②] 它是指农业产业化组织中以某一种产品或者以某个产品的专业化生产、加工、运销一体化经营。改革开放以前，我国经济基本上是在"保障供给"的情况下运作。农业方面呈现粮食为主业、其他为副业的特点。大量人口留在农村，粮食产量和粮食商品率都很低，呈现出小而全的封闭式生产格局。

4. 经营集约化。经营集约化是指在农业产业化组织的农业生产环节，以科技为支撑，逐步实现粗放型的农业生产经营向集约型的农业生产经营转变。[③] 农业产业化经营商品化、专业化进程的加快，在一定程度上增加了农业生产的利润，这为农业集约化发展创造了条件。首先，农业产业化可以加快

---

① 沈雅琴. 长期土地承租合约下农业产业化及其绩效的经济学研究 [D]. 上海：复旦大学，2004.

② 李丹. 农业社会化服务体系的理论思考 [J]. 农场经济管理，2003（4）.

③ 郭庆海. 吉林省农业供给侧结构性改革：问题、框架与路径 [J]. 吉林农业大学学报：社会科学版，2018（4）.

农业资本积累和资本投入。农户作为投资主体，在能够分享大体上相当于平均利润的情况下，愿意投资改进技术装备。而且，农业发展步入良性循环的轨道，这也会吸引非农产业的投资者投资农业，为农业开辟新的融资渠道，从而可以改进农业，特别是提高农产品加工业的技术装备水平。其次，农业产业化提升了农业经济的科技含量，增强了各参与主体尤其是农民对科学技术的需求。最后，农业产业化可以充分发挥市场的基础性调节作用，促进各种要素的合理利用，有效调动龙头企业、农户的积极性，形成农业产业化的集约化经营。

5. 规模化经营。农业产业化的规模化是指农业产业化组织能够实现规模化经营。① 这主要表现在两个方面：一方面是在坚持家庭承包经营制度的基础上，通过对农产品生产实行规模化种植或养殖，形成群体化规模；另一方面是一些龙头企业组织通过跨部门、跨地区、跨所有制的联合和合作，扩大农产品的储藏、加工、运销等组织的经营规模。农业生产规模化，有利于采用先进的农业科学技术来降低农业生产成本，为农产品的批量生产、加工、销售奠定基础。

6. 经营一体化。一体化经营实质上就是把分散的、互不联系的个别生产过程转变为相互联系的社会生产过程，这就要求以市场为导向，在农业产业化组织生产中通过订立合同、入社或入股的方式，实现利益或产权等联结。多种形式的联合与合作，有助于形成市场牵龙头、龙头带基地、基地连农户的贸工农一体化经营体制，从而降低交易成本，提高农业的比较利益。经营一体化主要是在不断扩大农业生产规模的基础上实行农业生产的专业化分工。实现经营一体化可从两个层面把握：宏观层面主要是农业作为一个国民经济基础产业，将农业再生产过程的产前、产中、产后各环节联结为一个完整的产业体系，形成紧密的经济利益共同体；微观层面是在农业生产经营中，为了提高农业效益，各方主体相协调，使产—供—销的具体业务置于统一指导之下。一体化经营可以促进农业产业在家庭经营的基础上实现一体化和社会化，因为这样的组织为了共同的利益能让农业生产、加工、储运、销售各环节中的多元主体相结

---

① 徐冯璐. 农业产业化与金融支持相关度的定量分析 ［J］. 湖南农业大学学报（社会科学版），2007（1）.

合。一体化经营必然是由低到高渐进式发展的，一体化经营的深入发展是在坚持我国家庭联产承包经营的基础上，为了农民增收和实现我国农业农村现代化的重要举措。

从农业产业化发展实践过程看，依据各主体利益联结关系，一体化经营大体可分为三个阶段。第一，各利益主体之间稳定的购销关系阶段。这种利益关系是各利益主体实践生产过程中为了彼此利益最大化地进行良好分工和资源配置而能够一直保持稳定的供销关系。尤其是龙头组织启动的系列化服务使企业和农户之间形成互相依赖、相互促进和发展的关系。第二，各利益主体之间合同契约关系阶段。各利益主体之间在形成稳定的购销关系后，随着经济社会发展形成更加稳定的利益联结关系，主要是通过法律手段以合同方式明确各自的责权利，各个主体除了履行契约合同规定的责权利，仍是独立的经营主体。第三，产权联结阶段。这个阶段要避免前两个阶段发展过程中的资源配置难题和违约风险，要让各主体真正结成经济利益共同体，在实行"风险共担、利益共享"的基础上，引导各主体之间相互参股逐步实现更高层次上的联合。通过股份合作制或专业合作社，各利益主体之间可以实现按劳付酬或按股分红。

7. 管理企业化。农业产业化就是对农业产业组织按照企业化的标准进行管理，对农产品生产的每一个环节进行科学组织、协调、管理和服务，把分散的农户联结起来，进行有序的生产经营，共同开拓市场，提高产业化组织的整体经济效益。农业产业化通过一定的组织形式将公司、专业市场或者中介组织与农户联结成一体化联合体，对这个联合体的经营方式和效率监督等按照现代企业模式的企业化标准进行管理。①

8. 服务社会化。服务社会化是判断农业产业化是否成熟的标志。② 它是指为农业产业化组织联合体内各个部门提供产前、产中、产后全方位的服务，以促进各种要素的优化配置，提高农业效益。这正日益成为转变农业发展方式的动力源和生长点，对现代农业的发展起着重要推动作用。③

---

① 胡俊科. 基于农业产业化组织的交易成本与潜在绩效分析 [J]. 理论月刊, 2006 (5).
② 陈文宽, 谭静. 农业产业化 [M]. 成都：四川科学技术出版社, 2003：78.
③ 胡霞, 彭建仿. 三峡库区农业社会化服务转型升级：目标取向、现实模式和路径选择 [J]. 农村经济, 2019 (8).

二、农业产业化的理论机理

农业产业化这种农业生产组织形式的创新，不是无源之水，一定有它存在与发展的理论基础和客观必然性。农业产业化是当今世界农业和农村经济可持续发展的必然趋势和社会实践的产物，把这一必然趋势和实践活动置于市场经济理论的范畴进行深入探讨，我们就会清楚地认识到农业产业化有着坚实的理论基础。

（一）马克思社会再生产理论

农业产业化既是一种产业组织形式，也是农业生产经营方式的创新。马克思社会再生产基本原理告诉我们，社会再生产过程既包括生产过程又包括流通过程。马克思指出，每一个社会生产过程，从经常的联系和它不断更新来看，同时也就是再生产过程。[1] 他还指出，不管生产过程的社会形式怎样，生产过程必须是连续不断的，或者说，必须周而复始地经过同样一些阶段。一个社会不能停止消费，同样，它也不能停止生产。[2] 这就是说，在市场经济条件下，农业的持续发展，必须是一个从产品生产到产品销售的周而复始的全过程，这对发达国家和发展中国家都适用。这个全过程既包括初级农产品的生产，又包括农产品的深度加工和综合利用；既包括产前、产中服务，又包括产后服务，三者有机结合且产后服务比例日益扩大。因此，我们在大力发展农业产后服务时，要特别重视兴建以初级产品为原料的新型农产品加工和运输业、销售业，实现其价值增值，并获得更多的收益。农业产业化就是实行农业产加销经营一体化、社会服务系列化，以增强农业的综合生产能力和农业再生产的自我发展能力，实现高产、优质、高效的农业可持续发展。这是对马克思社会再生产理论的运用和发展。

马克思社会再生产理论认为社会再生产具有连续性。市场经济条件下，农业再生产连续性的体现就是生产、加工和销售要持续进行。与此同时，马克思也不断告诫我们，再生产的连续性有时或多或少会发生中断。在有季节性的生

①②　马克思. 资本论（第1卷）［M］. 北京：人民出版社，2018：653.

产部门，不论是由于自然条件（如农业、捕鲱鱼等），还是由于习惯（例如在所谓季节劳动上），连续性可能或多或少地发生中断。[①] 这说明马克思已经认识到农业是有季节性的生产部门，不可避免的是农业再生产过程的连续性会受到影响。而农业产业化通过实行农业生产、加工和销售一体化经营以及社会服务系列化，将有效地延伸农业的产业链，积极向工商业渗透和发展，实现农业再生产的连续性，也保证农业发展的可持续性。

社会再生产是生产过程和流通过程的统一。马克思指出，这个总过程，既包含生产消费（直接的生产过程）和作为其中介的形式转化（从物质方面考察，就是交换），也包含个人消费和作为其中介的形式转化和交换。[②] 农业产业化实行农产品产加销经营一体化和产加销各环节社会服务系列化，使农业生产领域向流通领域及消费领域渗透，改变了过去在计划经济体制下农业的生产领域与流通领域相割裂的状况，实现农产品通过加工和运销达到增值、增效的要求，不仅符合马克思社会再生产理论中生产、分配、交换、消费相统一的原理，也符合实物形态运动和价值形态运动相统一的原理，而且有效地使农业再生产实现良性循环。

（二）马克思平均利润理论

马克思深刻地阐述了在市场经济条件下利润率转化为平均利润率、利润转化为平均利润、价值转化为生产价格是通过竞争来实现的理论。马克思指出，竞争首先是在一个部门内实现的，是使商品的各种不同的个别价值形成一个相同的市场价值和市场价格。但只有不同部门的资本的竞争，才能形成那种使部门之间的利润率平均化的生产价格。[③] 马克思又指出，资本主义社会的城乡对立，以及资本主义土地所有制及其地租，造成农业参加平均利润过程的障碍，"平均利润和由它调节的生产价格，是在农村关系之外，在城市商业和工业范围内形成的"。[④] 这说明我国农业无法分享平均利润。在我国城乡二元体制的背景下，农业生产者总是处于不利地位，谈判地位低下，只能被动接受比较低

① 马克思. 资本论（第二卷）［M］. 北京：人民出版社，2018：121.
② 马克思. 资本论（第二卷）［M］. 北京：人民出版社，2018：390.
③ 马克思恩格斯选集（第二卷）［M］. 北京：人民出版社，1995：433 - 434.
④ 马克思. 资本论（第三卷）［M］. 北京：人民出版社，2018：904.

的产品价格，这样农民的那部分平均利润被"剪刀差"所剪走。马克思深入地分析了这种产业间平均利润出现不均衡的情况，处于不利地位的产业为了得到平均利润，缩小投入，相应地，产量会减少，进而导致供不应求，价格上涨，反过来会刺激投入资本的上升，经过一定时期的发展，由于产业过度的发展，产品会出现过剩，这是一个周而复始的循环。产业之间就是通过这样的竞争去获得平均利润。

农业产业化成为农业产业获得平均利润的有效途径。根据马克思平均利润理论，农业产业应该获得平均利润。农业产业化把农民组织起来，增加了农民谈判的筹码，也可以有效地提升农民的权利，改变农民过去的不利地位和被动接受农产品低价格的命运，提升农民的市场地位。农业产业化经营是对农产品的生产、加工和销售各个环节进行整合，带动农业加入产业间的互动和发展，这样就理所应当地要参与平均利润的分配。农业产业化所带来的农业产业获得的平均利润是流通业的利润还给农业所实现的利润转移，这符合马克思平均利润原理。

（三）邓小平关于中国农村农业改革的重要论述

邓小平同志指出："中国社会主义农业的改革和发展，从长远的观点看，要有两个飞跃。第一个飞跃是废除人民公社，实行家庭联产承包为主的责任制。这是一个很大的前进，要长期坚持不变。第二个飞跃是适应科学种田和生产社会化的需要，发展适度规模经营，发展集体经济。这是又一个很大的前进，当然这是很长的过程。"[①] 这是邓小平同志建设有中国特色社会主义理论的重要组成部分，是中国实现农业产业化的重要理论依据。从我国发展实践来看，我国第一个飞跃已经实现。第二个飞跃的实现不能简单地只理解为土地的规模经营，其关键是要以市场为导向，以提高效益为中心，对农村经济按产加销一体化、贸工农一体化的要求，实行科学种田以及生产专业化、社会化，发挥市场在农业农村资源配置中的决定性作用。由此，在先进生产力的支撑下，在坚持家庭联产承包责任制长期不变的基础上，农业的生产组织形式也会有逻辑地走向适度规模经营，低水平的集体经济就会发展成为高水平的集体经济。

---

① 邓小平文选（第三卷）［M］．北京：人民出版社，1993：355．

邓小平关于中国农村农业改革的重要论述是指导农业产业化经营实践的基础，是以社会主义市场经济理论为基石。在农业产业化产加销一体化、贸工农一体化经营体制中，市场机制主要在三个方面发挥作用。第一，通过市场调节实现生产要素的优化组合。分布在城乡之间、工农业之间以及各种所有制实体中的生产要素，在利益驱动下，借助市场机制发生流动和重新组合，再造市场主体，形成新的经济增长点，在经济增量的增值作用下，推动城乡经济加速发展。第二，通过市场体系衔接产加销、贸工农关系，打破地域、行业、所有制等壁垒，以市场为纽带把初级产品的生产、加工和销售有机地结合起来。初级产品生产者按市场需求进行生产，加工企业的生产能力有充裕的原料和可靠的市场销售作保证，流通和运输企业的基础设施与生产和加工能力相适应。第三，通过市场机制调节各方面的既得利益。随着农业产业化产加销一体化经营体制的形成，利益驱动和利益联动机制也相应形成，调节产加销之间的利益关系，矫正由起点不同的产业间竞争引发的利益差别。

近年来，从我国各地农村实践中产生、在全国逐渐兴起的农业产业化经营，以一种高效率地优化生产要素组合的形式，为巩固和完善邓小平同志提出的"第一个飞跃"、加速催化"第二个飞跃"找到了一条具有突破意义的重要途径。

（四）习近平总书记关于实施乡村振兴战略的重要论述

以习近平同志为核心的党中央坚持把解决好"三农"问题作为全党工作的重中之重，我国在"三农"方面取得了历史性成就，发生了历史性变革。但新时代我国社会主义主要矛盾在乡村表现最为突出。实施乡村振兴战略是解决人民日益增长的美好生活需要和不平衡不充分发展之间的矛盾的必然要求，是全面建设社会主义现代化国家新征程的必然要求。

习近平总书记强调，中国要强，农村必须强；中国要美，农村必须美；中国要富，农民必须富。[1] 新时代"三农"工作必须围绕农业农村现代化这个总目标来推进。[2] 为实现农业农村现代化，党的十九大提出要实施乡村振兴战略

---

[1] 中共中央党史和文献研究室. 习近平关于"三农"工作论述摘编 [M]. 北京：中央文献出版社，2019：3.

[2] 中共中央党史和文献研究室. 习近平关于"三农"工作论述摘编 [M]. 北京：中央文献出版社，2019：44.

重大决策，并指出，农业农村现代化是实施乡村振兴战略的总目标，坚持农业农村优先发展是总方针，产业兴旺、生态宜居、乡风文明、治理有效、生活富裕是总要求，建立健全城乡融合发展体制机制和政策体系是制度保障。① 各地区各部门要充分认识实施乡村振兴战略的重大意义，把实施乡村振兴战略摆在优先位置，坚持五级书记抓乡村振兴，让乡村振兴成为全党全社会的共同行动。② 习近平总书记还强调："乡村振兴是党和国家的大战略，要加大真金白银的投入。"③ 实施乡村振兴战略的过程中，农村现代化要与农业现代化同步推进，"农村现代化既包括'物'的现代化，也包括'人'的现代化，还包括乡村治理体系和治理能力的现代化"。④ "要给农业插上科技的翅膀，按照增产增效并重、良种良法配套、农机农艺结合、生产生态协调的原则，促进农业技术集成化、劳动过程机械化、生产经营信息化、安全环保法治化，加快构建适应高产、优质、高效、生态、安全农业发展要求的技术体系。"⑤ "要坚持乡村全面振兴，抓重点、补短板、强弱项，实现乡村产业振兴、人才振兴、文化振兴、生态振兴、组织振兴，推动农业全面升级、农村全面进步、农民全面发展。"⑥ "坚持农业农村优先发展，按照产业兴旺、生态宜居、乡风文明、治理有效、生活富裕的总要求，建立健全城乡融合发展体制机制和政策体系，统筹推进农村经济建设、政治建设、文化建设、社会建设、生态文明建设和党的建设，加快推进乡村治理体系和治理能力现代化，加快推进农业农村现代化，走中国特色社会主义乡村振兴道路。"⑦ "要推动乡村文化振兴，加强农村思想道德建设和公共文化建设，以社会主义核心价值观为引领，深入挖掘优秀传统农

---

① 习近平. 把乡村振兴战略作为新时代"三农"工作总抓手［J］. 求是，2019（11）.
② 中共中央党史和文献研究室. 习近平关于"三农"工作论述摘编［M］. 北京：中央文献出版社，2019：19.
③ 中共中央党史和文献研究室. 习近平关于"三农"工作论述摘编［M］. 北京：中央文献出版社，2019：17.
④ 中共中央党史和文献研究室. 习近平关于"三农"工作论述摘编［M］. 北京：中央文献出版社，2019：45.
⑤ 习近平. 认真贯彻党的十八届三中全会精神 汇聚起全面深化改革的强大正能量［N］. 人民日报，2013－11－29.
⑥ 中共中央党史和文献研究室. 习近平关于"三农"工作论述摘编［M］. 北京：中央文献出版社，2019：19.
⑦ 中共中央党史和文献研究室. 习近平关于"三农"工作论述摘编［M］. 北京：中央文献出版社，2019：15.

耕文化蕴含的思想观念、人文精神、道德规范，培育挖掘乡土文化人才，弘扬主旋律和社会正气，培育文明乡风、良好家风、淳朴民风，改善农民精神风貌，提高乡村社会文明程度，焕发乡村文明新气象。"① "农耕文化是我国农业的宝贵财富，是中华文化的重要组成部分，不仅不能丢，而且要不断发扬光大。"② "要把乡村振兴战略这篇大文章做好，必须走城乡融合发展之路。我们一开始就没有提城市化，而是提城镇化，目的就是促进城乡融合。要向改革要动力，加快建立健全城乡融合发展体制机制和政策体系。"③ "实施乡村振兴战略，迫切需要造就一支懂农业、爱农村、爱农民的农村工作队伍。"④ 习近平总书记关于实施乡村振兴战略的重要论述，深刻回答了乡村振兴的重要意义，从"产业兴旺、生态宜居、乡风文明、治理有效、生活富裕"等方面论述了乡村振兴的要求，对一系列重大理论和实践问题高瞻远瞩、内涵丰富、要求明确，是新时代推进乡村振兴的根本遵循和行动指南。

（五）产业组织理论

1. 产业组织理论概述。产业组织理论是对市场力量集中的非竞争性价格变化的实证研究，在"有效竞争"概念及度量标准研究的基础上，以实证研究为主要手段，把产业分解为特定的市场，并从结构、行为、绩效三个方面进行深入分析，形成了产业组织理论的第一个理论范式，即市场结构（structure）—市场行为（conduct）—市场绩效（performance）分析框架，简称 SCP 分析范式。SCP 范式的形成标志着西方传统产业组织理论的完善与成熟，产业组织理论因此成为一门相对独立的经济学科。SCP 范式既适合于对单个产业的案例研究，也适合于对产业界的研究。

（1）市场结构。所谓市场结构，是厂商之间市场关系的表现和形式，主要表现为卖方间、买方间、买卖双方之间，以及市场内已有的买卖双方、正在

---

① 中共中央党史和文献研究室. 习近平关于"三农"工作论述摘编 [M]. 北京：中央文献出版社, 2019：125 – 126.

② 中共中央党史和文献研究室. 习近平关于"三农"工作论述摘编 [M]. 北京：中央文献出版社, 2019：121.

③ 中共中央党史和文献研究室. 习近平关于"三农"工作论述摘编 [M]. 北京：中央文献出版社, 2019：45.

④ 中共中央党史和文献研究室. 习近平关于"三农"工作论述摘编 [M]. 北京：中央文献出版社, 2019：192.

进入或可能进入市场的买卖双方之间在交易和利益分配等各个方面存在竞争关系。具体说来，产业组织理论中考察市场结构的内容主要涉及四个方面，即市场集中度、产品差别、进入与退出壁垒、规模经济等。

（2）市场行为。市场行为是指厂商在市场上为赢得更大利润和更高的市场占有率所采取的战略性行为，一般包括制定产品价格、决定产品质量以及遏制竞争对手的策略三个方面。

（3）市场绩效。市场绩效是指在一定的市场结构下，通过一定的厂商行为使某一产业在价格、产量、成本、利润、产品质量和品种以及在技术进步等方面所达到的现实状态。市场绩效一般用资源配置效率、生产效率、技术进步、就业以及价格的变动情况、分配的公平等标准评价。

2. 农业产业化的 SCP 分析。

（1）市场结构分析。我国农产品面临着一系列的矛盾和问题，主要表现在市场集中程度低和产品同质性强，出现这些矛盾和问题的主要原因在于农业的制度设计障碍。当前，我国农产品结构不优，市场结构较单一。农业产业化把农民集中起来，提升他们的组织化程度，同时也注重农产品同质性的矛盾。

（2）市场行为分析。产业组织理论研究的核心内容是市场行为，在农业产业化中也是如此。传统农产品的无序竞争决定了农业市场行为的体现就是价格竞争。实行农业产业化经营以后，市场行为的主体不仅仅只有农户了，还有企业的加入，市场行为从之前的价格竞争开始慢慢演变为企业行为。农业产业化使农户与企业组成联合体，充分体现农民进入市场组织化的程度。

（3）市场绩效分析。产业组织研究的首要问题在于市场绩效。在传统的农业生产中，这种无序的竞争只能导致农民被动地接受农产品的低价格，这必然导致农业经济效益和绩效低下。实行农业产业化以后，农民离市场更近，能够更加迅捷地掌握各种信息，并进行分析整理，从而减少无序的竞争，提升农业的经济效益。

三、农业产业化组织形式相关理论

（一）农业产业化组织的内涵

在社会科学领域中，组织既可以是"过程"也可以是一种"实体"，作为过程的组织是指按照一定的规则和方式对各要素进行协调，以实现特定的目的和程序。① 组织的任务就是将分散的个人结合成一个有机整体，组织活动的结果就是形成一定的体制，即组织包括"体"和"制"两方面的内容："体"指组织实体，即由人构成的机构；"制"指组织内部机构之间和人员之间的相互责任、权力关系以及协作方式，即组织实体的运行制度。威廉姆斯（Williams）认为，组织的构建就是为了有效地对活动加以控制，以求社会交互活动能够顺利地、低成本地运行。组织的效率边界扩张与收缩都是最大限度服务于节约成本的目的。马歇尔（Marshall）在论及生产要素时，在萨伊（Say）的"三要素"（劳动、土地、资本）的基础上，提出第四生产要素——组织。由此可见，西方学者很早就认识到了组织的重要性。组织是制度的重要内容，也是管理的一个要素。泛指的组织，是一种关系结构，是一种为了某种共同利益而结合在一起的群体，是在某个群体中维系成员相互关系和沟通信息的复杂模式。

组织是实现农业产业化目标的载体，是农业产业化中最重要的内容，无论是提高农业比较效益，还是组织农民进入市场，都需要依托有效的组织，离开了组织，农业产业化也就无从谈起。农业产业化组织是一个多元参与者自愿结成的利益联合体，多元参与主体包括公司企业、合作社、农户等，他们之间必然存在着建立在组织共同目标之下的相互依存、互助互利的经济关系，而不是超经济的行政管理关系或相互隶属关系。农业产业化组织也可以理解为政府职能部门、农业相关企业、农户等为实现农业生产的规模效益和经济效益在农产品的生产、供应与销售等活动中以平等、自愿、互惠互利的原则而相互结合在一起的形式。农业产业化组织是一个经济联合体，是一个开放的复杂结构系统，以自愿为基础，由法人和非法人主体结合而成来维系内部各个组成部分之间的各种利益关系、沟通协调内部各个部分的运作机构。参与主体主要是龙头企业、中介组织、专业市场和农户（家庭），它们各自在这个联合体中为了共同的利益而运作，扮演着不同的角色，起着不同的作用。也可以说，产业化经

---

① 高杰. 中国农业产业化经营组织演进研究［M］. 北京：科学出版社，2017：5.

营组织也是一种"角色体系"。① 农业产业化组织作为一种组织类型，其首要特征是，它在法律意义上是一个独立的产权主体，因此，从其具体表现形态来看，农业产业化组织包括农户、农产品生产、加工企业和合作组织。这种组织已经发展成为一种集机械组织、专业人员组织、多样化组织于一身的复合型组织。组织的功能在于去开拓更多的发展机会，提高组织的运行效率。农业产业化组织功能的体现也是如此。

（二）农业产业化组织的功能

1. 获取和传递信息。现代产业中参与主体的行为以及组织的运行都需要做出经济决策，政策的制定依赖于信息的获取和传递。单个小农户由于经济实力弱小，既无法获得信息，也缺乏对信息的甄别和筛选能力。而对于规模较大的农业产业化组织而言，它们就可以依靠组织的力量获取、甄别和筛选信息，提高信息的利用效率。因此，利用组织来获取和传递信息，不仅有利于信息的获得，而且也能够显著提高信息的利用效率。

2. 维护相互关系。这里的相互关系包含两层含义。一是组织内部各参与主体的相互关系。由于各参与主体之间相互独立，建立和维系相互关系以及组织内部的秩序，无法靠某个参与者单独来完成。农业产业化组织可以把相互独立的农业经济组织联系起来，并通过一定的制度设计，处理好各参与主体的相互关系。二是组织与外部别的组织之间的关系。② 这里的外部组织是与该组织有利益关系或者有业务往来的组织。单独的农业经济组织，特别是像农户这样的分散、小规模组织，在处理与组织的关系时，常处于劣势地位；而规模较大的农业产业化组织则可以明显提高单独的农业经济组织处理与外部组织关系的实力。

3. 实现技术传播和技术创新。要想在激烈的市场竞争中取得领先优势，就必须进行技术创新。技术创新要依靠资本和知识积累与付出，以农户的实力来看，受资本和知识的影响，其创新能力必然有限。在农业产业化组织里，龙头企业就能够解决资本和知识的瓶颈问题，再加上龙头企业自身要实现利益目

① 郑定荣. 重新构建农村经营新体制——农业产业化联合体问题探讨［J］. 广东经济，2003（10）.

② 赵孟营. 论现代社会中的关键组织［J］. 南京社会科学，2006（5）.

标，也要求不断地进行技术创新，这两者有了高度的契合，那么，龙头企业会根据市场需求，进行技术创新与整合，做好新产品的开发，去迎合和面对激烈的市场竞争。① 农业产业化组织内，不管采取何种形式，其参与主体都是相对独立的利益主体，但是其有着一个共同的目标，那就是追求自身利益的最大化。但是，竞争是市场经济的根本特征，是无处不在、无时不在的。

4. 开拓市场。市场化改革以来，中国农业的商品化程度持续快速提高。② 在现代农业生产中，企业作为市场的主体起着越来越重要的作用，为了能够扩大市场，企业就不得不提高自己的市场竞争力，保证原料供给的稳定性，建立稳定的销售渠道。农业产业化组织通过契约、纵向一体化或合作组织将企业与农户联结起来，有利于保证企业加工所需原料供给的稳定性。农户家庭经营很难与市场接轨，都是零散的出售，没有组织性，这样就很难大批量地进行对外销售。利用农业产业化组织这一中介，与农户组成联合体，可以把农户和市场联系起来，将分散的农产品集中起来，经过储藏保鲜、加工转化一系列市场运作后，会使这些农产品大幅度增值，这样就从质上改变了农副产品的原始形态，也满足了市场对于农产品多样化的需求，从量上就有了销售的规模化和扩大化，农民逐渐改变了过去的命运，强化了其市场地位。

(三) 农业产业化组织原则

有效的组织形式是重要的社会资源。发达国家的发展历程表明，现代产业要想获得高经济效益，必须采取有效的产业、行业和企业组织形式。这也说明，在我国要想使农业产业后来居上，获得比较高的经济效益，就必须普遍采用有效的产业组织形式。而且，不管采取何种形式，其利益、效率、协调和平衡四大基本原则是一致的。

1. 利益原则。形成组织或者组织之所以能够生存，就是要不断地满足组织内部成员或者外界人的利益。对经济组织而言，其维系的基础在于满足组织内部成员的经济利益诉求。在农业产业化组织中，这个组织必须拥有某种利益

---

① 王生龙，霍学喜. 农业产业化龙头企业技术创新的机理研究 [J]. 西安电子科技大学学报 (社科版)，2012 (1).

② 吴重庆，张慧鹏. 小农与乡村振兴——现代农业产业分工体系中小农户的结构性困境与出路 [J]. 南京农业大学学报 (社会科学版)，2019 (1).

诱因，也就是经济利益的吸引力，这样参与者才会主动积极地参与到组织中来。农业产业化组织实现持续发展的首要条件就是通过组织目标的实现直接达到各参与主体的目标。①

2. 效率原则。效率被广泛用于各类组织管理之中，追求高效率是一切经济活动的目标，农业产业化组织经营也不例外。农业产业化组织中的各方参与主体为了各自的利益，会尽最大努力去参与农业生产的产前、产中和产后全过程。② 农业产业化组织经营既要实现快速有效的农民生产要素的整合，又要有效地实现要素产业化整合后的生产要素经济规模化和整合效益。③ 产生的更大价值在于以最小的投入获得利润的最大化。方法有两个：一是节约成本；二是增加产出。

3. 协调原则。农业产业化组织系统中多个相对独立的利益主体存在着各自的特点，这就要求他们在这个联合体中必须有明确的责任分工和清晰的责任划分，进行良好的相互协作，这样才能充分发挥各自的专长，主动开展工作，产生规模效应和协同效应，最终获得共同利益。组织的价值主要表现为协作、协调，一个关系协调的组织既有详细的分工，又有相互的协作，这样才能使组织内的个体成员既关心自己的利益，又不会忽视整体目标，使组织共同体获得更大的利益。

4. 平衡原则。与一般企业相比，产业化组织系统是财产相互独立、完全分割的利益主体联合体，那么，要想将这些独立的个体结合在一起，就必须依靠利益这个诱因，并且这个利益诱因必须均衡，这样才不会使各方利益主体因为遭受损失而不愿意加入组织或者退出。农业产业化组织系统是由农户、企业、合作组织等多个不同的利益主体组成的，他们形成了一个决策联合体。要想使农业产业化组织进一步发展壮大，只有在经营活动的某一水平上达到诱因和贡献的平衡。④

（四）农业产业化组织形式的内涵

农业产业化组织作为农业产业化的主体，其内涵和外延大于农业产业化组

① 丁慧．"公司＋农户"模式存在的原因及其稳定存在的条件［J］. 甘肃农业，2005（12）.
② 朱晓华．农业产业化进程中农业组织创新的对策探讨［J］. 北京农业，2009（2）.
③ 李萍萍．农业产业化经营与农民组织化问题探讨［J］. 农家参谋，2020（18）.
④ 董海军．农业产业化经营组织分析——以赤峰地区为例［D］. 北京：中国农业大学，2004.

织形式。① 农业产业化组织作为一种组织，其内部活动必然在一个独立的产权主体内展开，而农业产业化组织形式是各种农业产业化组织实施农业产业化经营的方式。它是不同农业产业化组织的连接体或按照一定的利益分配形式组成的利益共同体。因此，农业产业化组织形式体现了各种农业产业化组织之间的关系结构。农户、合作经济组织和农产品加工企业都属于独立的产权主体，它们都属于农业产业化组合组织，而它们之间以一定的利益连接方式所形成的利益共同体，则属于农业产业化组织形式，如公司与农户通过契约关系连接而成的"公司＋农户"形式，既可以在一定程度上解决农户生产的农产品销售问题，又可以使农产品加工企业获得稳定的生产原料。

综上所述，农业产业化组织与农业产业化组织形式的界定存在着重复，但是，在使用这两个术语时所强调的问题是有区别的。在使用农业产业化组织时，它们是农业产业化的参与主体，更多强调的是作为一种组织的独立产权地位。② 而在使用农业产业化组织形式时，更多强调的是作为农业产业化主体的各种组织的利益连接方式。

四、农业产业化组织形式研究的现实意义

一个国家农业产业化采取什么样的组织形式，是由该国国情和经济发展水平决定的，每个国家要根据自己的农业产业化组织形式来合理分配资源，引导农民进入市场，组织农业的有效运营，协调多元参与主体的决策行为和运作方式，进行合理的利益分割。在这一过程中，农业产业化经营组织形式发挥着重要作用。

（一）农业产业化组织形式是稳定农村基层政权的有力保障

以创新农民组织方式来改造落后农业，是实现农业农村现代化的重要条件。分散的农户很难保障自身的利益，也不能支持国家战略的高效展开，在市场化改革面前由于无能为力而产生越来越强的抵触情绪。这就要求农民之间必然要以特定的方式紧密组织起来，以一致行动的名义，而不是以农民个体的名

① 刘君.农业产业化与农业产业集群发展的互动关系研究［J］.农业经济，2009（8）.
② 周应堂，韩美贵.农业企业化理论研究初探［J］.农业经济，2006（5）.

义与国家和市场进行对接。① 这就是说，农民要改变其相对弱势的地位，使其在现代化的浪潮中不被落下，必须要组织起来发展农民合作组织或专业协会等中介组织，提高农民的组织化程度，增强自身的话语权。通过这一中介形式，农民能够广泛参与政治过程。这有利于增强政府决策的科学性和监督实践环节的公正性；有利于抗衡各种强势集团对农民利益的侵害；有利于增强农民的主人翁责任感，发展基层民主，加强自我教育和管理，协调利益关系，化解群众矛盾，降低政府的对话成本，实现农村基层政权的稳定，促进社会安定和谐。

（二）农业产业化组织形式是市场配置资源的有形的"枢纽"

农业产业化经营是依靠市场这只"无形的手"来引导资源合理流动的。在市场经济条件下，农业生产的各种信息瞬息万变，农民对于这些信息的搜集、处理和运用很难准确地把握。因此，为更好地开展农业生产，解决农产品的生产、加工和销售等一些难题，农民需要参与到一定的中介组织中去，也就是通过一定的组织形式载体参与到农业产业化中。信息的准确把握和处理，能够极大地影响农业产业化内部各个参与主体的决策行为，进而会影响到其组织形式的效率和这些参与主体的利益。也就是说，这种情况下，要实现市场这只"无形的手"对农业生产的作用机理，就必须通过农业产业化组织的具体形式这一有形的"枢纽"才能起到调节的作用。②

（三）农业产业化组织形式是提高农民组织化程度的桥梁和纽带

中国农业产业化经营组织创新是实行家庭承包经营之后农村经营体制改革的又一个阶段性成果。③ 产业化经营系统内各参与者都是相对独立的利益主体，要建立和维系他们之间的相互关系，以及要建立和维持他们某种互利的秩序，就不能是单个主体说了算，必须是大家在一定的组织形式内，按照一定的规则和协议，来维系他们之间的相互关系，并通过一定的组织形式，来与社会上其他利益集团和政府打交道。唯有如此，才能保持各利益主体地位一定的对称性，才能使农业产业化经营组织形式的运作协调、有序、有效和有利。农民

---

① 郭冠清．新中国农业农村现代化的政治经济学分析［J］．理论经济，2020（5）．
② 王贵元，郑杰．农业产业化龙头企业的培育对策［J］．农村经济，2006（7）．
③ 陈朝阳．深化农业产业化经营组织创新的政策分析——基于供给侧结构性改革视角［J］．福建师范大学学报（哲学社会科学版），2017（5）．

作为市场经济中的弱势群体，往往处于被动地位，成为农业产业化经营的前沿阵地和"第一车间"，既受自然条件的制约，又受组织形式内一定规则的限制，很难平等地和龙头企业进行对话。而大型龙头企业、合作社和专业市场一头连接市场，一头连着农民，把千家万户的小生产与千变万化的大市场联结起来，逐渐成为市场竞争的最适合主体。这不仅提高了农村经济的组织化程度，还成为农民进入市场的中介，大大提升了农民参与市场竞争和抵御市场风险的能力。①

（四）农业产业化组织形式是农产品开拓和占领市场的有效依托

我国实行的家庭联产承包责任制给了农民一定的自主权，促进了农村生产力的发展。但是随着市场经济的发展，出现了一系列的矛盾，最直接的是一头出现了农产品过剩的现象，而另一头城市出现了买农产品难的现象，表明这一切并不是市场真的过剩。这是因为分散的小规模农户家庭经营难以有效地组织起来去抵御市场的风险。特别是以农产品供过于求为特征的农业发展新阶段，农业竞争力的强弱越来越成为能否获取潜在的外部收益和市场机会的关键因素，更对超小规模的分散农户经营提出了前所未有的挑战。按市场需求组织生产只是农业产业化的出发点。② 只有农产品通过加工增值，增加了效益，并被农民分享到流通领域和加工领域，使农民收入提高，才是农业产业化最终的落脚点。一家一户的家庭经营都是零散的出售农产品，缺乏组织性，很难大批量地对外销售农产品。农户可以与龙头企业、各种合作组织联合起来，通过这些中介改变过去的分散经营，将分散的农产品集中起来，采取储藏保鲜、加工转化一系列市场运作后，会使这些农产品大幅度增值，这样就从质上改变了农副产品的原始形态，满足了由于消费水平提高出现的农产品多样化的需求，从量上就有了销售的规模化和扩大化。

（五）农业产业化组织形式是降低交易风险、增加农民收入的保障

农业是弱质农业，具有自然和市场双重风险。单个农户受规模小和分散经

---

① 高强，高仁德，丁慧媛. 农民组织化与农业产业化联动发展机制研究——基于农业生产效率提升的视角［J］. 经济与管理评论，2012（1）.

② 胡俊科，张国林. 基于农业产业化组织的交易成本与潜在绩效分析［J］. 理论月刊，2006（5）.

营限制，多数停留在传统农业技术的水平上，经济实力脆弱，无力改善农业基础设施和进行农业技术改造，因此，气候条件和自然灾害往往决定了农户的命运。由于组织化程度低、自身素质较差、市场力量弱等原因，农户进入市场很难充分准确地捕捉信息，市场行情变幻莫测，单个农户辨别能力有限，难以承受市场的价格风险。市场信号的传递也由于缺乏中介，反应迟钝，致使农户生产带有盲目性和模仿性，无法适应市场需求，且易造成市场"同幅震荡"，加剧市场波动，导致生产大起大落。龙头企业、合作社等中介对市场的准确把握具备农户无法比拟的优势，因此，农户只有与这些中介组成联合体，才能使自身利益更大化。例如，在"公司＋农户"农业产业化组织形式中，公司和农户是以契约的形式合作的，公司通过灵敏的市场反应能力，捕捉市场的各种信息并分解给农户，农户按市场信息组织生产和销售，这样农户便不会盲目生产进而导致农产品过剩，大大减少了农业市场风险，提高了农民的收入。

第三节 乡村振兴与农业产业化的互动发展

实施乡村振兴战略，产业振兴是根本，推进产业振兴的基本途径在于农业产业化，农业产业化可以实现农业组织创新，它改变了过去一家一户的小农生产方式。反过来，产业振兴又会加快发展和促进农业产业化的发展，为乡村振兴奠定坚实的物质基础。

一、产业振兴是乡村振兴的根本

党的十九大报告指出，"产业兴旺、生态宜居、乡风文明、治理有效、生活富裕"是实施乡村振兴战略的总要求，产业兴旺是首位要求，为生态宜居、乡风文明、治理有效、生活富裕奠定坚实的基础。产业是乡村振兴的核心载体，产业振兴是加快推进农业农村现代化的物质基础和不竭动力。实现产业兴旺的过程就是农业发展要量质齐头并进，进而使我国由农业大国向农业强国转变。

（一）产业振兴是实施乡村振兴战略的重点任务

实现乡村现代化和乡村振兴必须要有丰富的物质基础，而农村产业兴旺有助于实施乡村振兴战略。任何社会的发展和现代化建设，都是以高度发达的物质基础为条件的。农业农村现代化也以现代化的产业体系为根本。[①] 产业振兴不仅是国家发展全局的重大要求，也是农民的迫切要求，产业振兴对农民最大、最直接的意义在于可以解决他们的就业和收入两大问题。虽然在现代化、城市化和城镇化背景下越来越多的农村年轻人离开生他养他的土地去城里工作，但是在农业及其相关产业就业的人仍然非常多。从我国的历史和发展实践来看，这一局面到我国建成社会主义现代化强国的时候仍会持续。同时，虽然外出务工人员的收入不断增长，2019 年全国农民工人均月收入达到 3 962 元。[②]但农业收入在农民收入中仍然占据重要地位，特别是留在农村没有出去的农民，对他们而言，农业收入是他们最重要的收入，农业发达的地区更是这样。产业是农村各项事业健康持续发展的保障，产业兴旺可以促进生态宜居，有助于乡风文明，有利于乡村的有效治理，并直接推动生活富裕。

（二）产业振兴是城乡融合发展的重要基础

城乡融合实质上就是打破城乡不平衡发展模式，形成城市和农村在政治、经济、文化等领域相互联系、相互制约、相互依赖、相互补充和相互促进的动态平衡关系，城市在利用其各种优势带动农村发展的同时，为了自身的发展与进步也需农村为其提供支持和保障，从而使城乡资源配置合理，差距逐渐缩小，渐趋一体化。实现城乡融合发展是实施乡村振兴战略的重要目标之一，目前我国城乡差距较大，产业结构脱节，要彻底地扭转和解决这个问题，大力发展乡村产业是首要，利用市场这一纽带，可以实现产业互动，打破城乡壁垒，让生产要素在城乡间合理流动实现最优化配置。城乡融合发展要调动城市和乡村的积极性并充分发挥它们的功能，且乡村要想在城乡融合中充分发挥现代体系中的功能，优化产业发展是保障。产业振兴可以促进农村居民进行创新创业

---

① 张海鹏，郜亮亮，闫坤. 乡村振兴战略思想的理论渊源、主要创新和实现路径 ［J］. 中国农村经济，2018（11）.

② 国家统计局网站. 中华人民共和国 2019 年国民经济和社会发展统计公报 ［EB/OL］. http：//www. stats. gov. cn/tjsj/zxfb/202002/t20200228_ 1728913. html.

活动，增加农村的就业渠道，通过发展农村产业吸引大量资源向农村投入和倾斜，以生产要素的集中带动农村新产业新业态。生产要素的集中本就是各方利益的集中，利用这种集中可将各方联为一体，进一步推动一、二、三产业相互融合，为实施乡村振兴奠定坚实的基础。

（三）产业振兴是巩固脱贫攻坚战的重要举措

经济基础决定上层建筑，产业是实现农业农村经济发展和农民脱贫致富的关键所在。在协调打好脱贫攻坚战和实施乡村振兴战略的过程中，产业的重要性和关键地位尤为突出。[①] 中国绝对贫困基本消失后，中国贫困治理将转向对相对贫困、城乡贫困、多维贫困、能力贫困、系统贫困的治理，促进和实现共同富裕的贫困治理转变。在可持续贫困治理过程中，既要巩固脱贫攻坚成果对脱贫人口进行动态监测与跟踪以防止他们重新返贫，还要依靠农村产业建立农民可持续脱贫的长效机制。乡村产业振兴可以进一步激活农村资源，使农民增收的渠道得以拓展，让农民在全面建设社会主义现代化国家新征程中越来越好，一起走向共同富裕。产业振兴不仅可以提升产业结构，在数字化时代还可以结合现代科学技术大力发展电子商务，提升产业经营水平，通过数字联通，让农村产业打破时间空间限制，更好地扩展其产前和产后的联结链条，形成现代农业产业链，进一步带动农业规模化、集聚化和便捷化效益，提升农业比较优势。

二、农业产业化是实现乡村产业振兴的关键环节

乡村振兴是全面建设社会主义现代化国家新征程的重要组成部分，也是促进现代农业体系和现代工业体系有机融合发展的重要契机。实施乡村振兴战略的基础是产业振兴，基本途径在于农业产业化，而其组织形式是农业产业化经营的重要载体，合适的农业产业化组织形式是推动产业化经营效率的关键因素。那么提升农业产业化经营组织效率对于不断增加农民收入、稳定农村基层政权、化解农村经济社会风险、实现乡村振兴具有重要意义。

---

① 廖彩荣，等. 协同推进脱贫攻坚与乡村振兴：保障措施与实施路径 [J]. 农林经济管理学报，2019（2）.

（一）农业产业化有利于促进农业劳动力转移，加快城乡产业互动

农业产业化的纵深发展，延伸了农产品的生产加工链，加快了小城镇发展的步伐。小城镇的发展会大大地吸纳农村的剩余劳动力，这样才能保证农民走上共向富裕的道路。农业产业化根据市场需求组织农业生产，这不仅促进了城镇农产品加工业的发展，也带动了物流等服务业的发展。随着我国产业的整体布局和协调发展，城镇化成为连接城市和农村的良好载体，它会使城镇的人才、资金、技术和信息等向农村流动，进而实现其与农村土地、原材料和劳动力等有机结合，聚合了资源，形成了优势，不仅有效地促进了农业劳动力向城镇转移，也发展了生产力。

农业与非农业部门以及非物质生产部门之间存在着内在联系，这是农业产业化发展的基础。城乡二元结构的现实是我们当前改革面临的重要问题。农业产业化的推进可以实现农业与工业和服务业的互动，例如，产业链的延长能够促进农产品加工业的发展，农业产业化的推进和发展能够减少农村的剩余劳动力，这样农村可以为服务业输送人力资源。这种产业互动能够实现产业结构的调整，实现城乡在资源、经济和生态环境上的优势互补，打破城乡隔离和封闭的状态。

（二）农业产业化有利于调整农业产业结构，加快乡村经济社会发展

农业产业化把加工业延伸到农业之中，把农业变成了加工业的厂外"第一车间"。这样，农民围绕龙头企业进行种植、养殖，形成大种大养的格局后，就可根据市场要求来组织农业生产，既能够帮助解决农民的农产品过剩的危机，也能为加工企业提供充足的可供加工的资源，极大地刺激了加工业的迅速发展，为后续产业发展创造更好的基础条件，还极大地带动了第三产业的发展。农业产业化经营作为各方利益主体参与的一种现代产业方式，它联系着城市和农村，利用龙头企业、合作社等中介组织灵敏的信息加工和反应功能，既解决了农产品"卖难"的问题，也解决了城市供不应求的问题。农业产业化通过延长农产品的生产加工链，促进农产品加工业向农村扩散，实现了城乡资源的互补，缩短了实现城乡一体化的进程。龙头企业的发展壮大，促进了生产要素的集中，促进了交通、通信、供电、供水等基础设施的发展，带动了一大批以产业化龙头企业为依托的新型城镇的兴起。

（三）农业产业化有利于推动城市化发展，促进农村产业调整

农业的发展推动着城市化的发展，城市发展史表明，随着生产力的逐渐进步，城市逐渐形成，农业能够为城市提供剩余农产品之时，一些人会完全脱离农业生产而去从事非农生产，换句话说，农产品剩余是城市存在的基础。纵观世界，城市的诞生与发展总是在那些农业生产力较为发达、农业分工完善和农村经济兴旺的地方。亚当·斯密就曾指出，要先增加农村产品剩余，才谈得上增设城市。目前，中国正处于城市化快速发展的阶段，大量的"孔雀东南飞"开始融入城市。虽然有了这种转移，但是并没有形成人口从农业向工业转移的机制，这些人来到城市之后，很多只能处于"双重边缘化"[①] 的尴尬境地，这样的城市化就会带来一系列危机和矛盾，"城市病"出现了。在传统农业和现代工业并存的阶段，"城市病"的根源在于城乡二元结构下农业发展的严重滞后。由于传统农业生产的低收益，大量农民开始融入城市，而城市由于土地等生产要素有限，没有做好接纳他们的准备，城市的人口管理压力也随之增加。要想预防和治理"城市病"，就必须提高农业劳动生产率，实现农业产业化经营，大力发展农村经济，增加农民收入，并且建立农村具有吸引力的生活方式，吸引这些农村精英回归。

（四）农业产业化有利于夯实农村经济发展，促进农村产业振兴

农业产业化经营通过合同契约等形式，可以有效地解决农民与市场的对接，解决农民"卖难"的问题，可以组织农户根据市场需求，进行专业化、规模化和集约化生产。这促使农业突破传统的生产范围，向农产品深加工和工商业拓展，农产品深加工行业涉及很多产业和部门，而农业产业化的经营可以通过其一定的组织形式与农户组成联合体，将农户与专业生产联合体和大型农产品生产基地联合起来，实现农业与工业的互动，这不仅促进了地方经济的发展，也使农民的收入得到保证和稳步提高。

1. 农业产业化专业化增长要求促进乡村产业振兴。专业化生产是农业产业化的一个重要特征，农业产业化可以通过要素契约形式在产前、产中、产后优化配置资源。在专业化逐步加深以后，农业产业加工、运输和销售等环节也

---

① 张春华. 新生代农民工市民化与中国乡村社会建设 [J]. 求索，2011（9）.

会逐步独立出来，形成独立的经营主体。专业化分工虽然提高了生产和服务的专业化水平，但是要素的分割使专业化分工的任何一个环节都不能单独存在和发展，各环节需要通过市场交换或组织化的形式相互联系、共同发展。^① 共同发展就是围绕某种商品生产，各个独立的经营主体参与形成利益共同体，组成生产、运输、供给、销售服务网络为一体的专业化生产系列，专业化服务农业生产，提升农业的产出效应。农业产业化专业化增长要求促进了农业产业专业化和多极化形成。

2. 农业产业化推进农业根本性转变，促进乡村产业振兴。我国农业的根本性转变，一个是促进传统农业向现代农业转变；另一个是促进农业增长方式由粗放型向集约型转变。现代农业的本质特征是产品和要素商品化。要实现这两个根本性转变，就要保证农产品进入市场，让农民成为市场主体，只有利用生产、运输、供给、销售服务网络一体化的现代科学技术，大力发展农产品动态跟踪运输与管理、电子商务和农产品可追溯的机制，才能解决农工商分离和产供销脱节的问题，才能把一家一户的小农户生产与市场紧密联系起来，实现产业聚集，发挥产业优势。实现了这两个根本性转变，才能推进农业农村现代化进程和实现乡村产业振兴。

3. 农业产业化优化生产要素组合，促进乡村产业振兴。传统农业完全以农民世代使用的各种生产要素为基础，也就是说，农业生产要素使用有限，通常是封闭在体系内流动配置，这样就影响了农业发展的效率。提升生产要素效率的有效途径就是农业产业化经营，农业产业化经营可以围绕相关主导产业、优势产业或特色产业，实行规模化经营。市场化开发可以使农业发展固有的局限性和封闭性得以破解，让劳动力、资本和土地等生产要素改变过去的封闭空间。市场需求自由流动有利于实现多形式和多层次最优配置，有利于发挥和激发出生产要素的潜能，提高劳动生产率，促进乡村产业振兴。

---

① 蔡海龙. 农业产业化经营组织形式及其创新路径 [J]. 中国农村经济，2013 (11).

第三章 乡村振兴背景下农业产业化组织形式发展的内在机理

乡村振兴战略将农业农村现代化作为实施目标，对国家全面深化农村经济体制改革做出重大部署并提出新的要求。乡村振兴是国家建设现代化经济体系的重要组成部分，也是促进现代农业体系和现代工业体系有机融合发展的重要契机。实施乡村振兴战略的基础是产业振兴，基本途径在于农业产业化，而其组织形式是农业产业化经营的重要载体，合适的农业产业化组织形式是推动产业化经营效率的关键因素，那么，如何进一步优化和完善现有的农业产业化组织形式就至关重要了。从我国农业产业化的发展实践来看，我国现阶段的农业产业化组织形式主要有龙头企业带动型、中介组织带动型和专业市场带动型。探索乡村振兴背景下农业产业化组织形式发展的内在机理，对于动态优化我国农业产业化组织形式具有非常重要的现实意义。

第一节 农业产业化组织形式确立的基本原则

改革开放以来，小农户逐渐成为推动现代农业发展征程中的短板。[1] 组织形式是制度的重要内容和管理的一大要素。[2] 一些发达国家致力于引入新技

---

[1] 徐沈，陈定洋. 小农户与现代农业发展有机衔接的机制研究 [J]. 重庆理工大学学报（社会科学），2020（8）.

[2] 王金洲. 基于制度变迁的农村经济组织形式创新 [J]. 农业经济，2007（8）.

术，而采用极为有效的产业、行业和企业组织形式是它们的现代产业具备较高经营效率和经济效益的基础，也是经济发展不可缺少的环节，国外的农业产业一体化经营就是很好的说明。效率这一经济目的是我国农业产业化经营的基本原则之一，这也决定了我国产业化经营与国外农业产业一体化经营具有相同的一面。把农业产业化的各个要素有机地组合配套起来，构成农业产业化的基本形式，形成运作灵敏的利益共同体，需要把握五个原则。

一、优势利用原则

我国的区域结构和资源禀赋，使我国各地工农业生产水平差别较大。农业产业化究竟采取何种组织形式要根据其资源禀赋和优势利用的原则。只有充分发掘和利用当地优势，所选的产业化形式才能起到带动农业产业化各链条协调运行的作用。农产品加工业技术力量雄厚的、资金充足的地方实施农业产业化，可以以加工业为突破口；农业主导产业已成规模的地方和区域，则可以围绕主导产业搞加工、贮藏、流通，实现贸工农一体化，产供销一条龙；有些地方有地缘优势，是区域性物资集散地，则可以以市场为龙头，构建以批发市场为中心的流通型产业化；有些地方农业科技服务力量强，可依托这些科技力量搞产学研、贸工农一体化等农业产业化形式；有些地方农业社会化服务组织发展较快，体系比较健全，服务功能比较强，可以以这些组织为纽带搞农业产业化。总之，农业产业化组织形式的确定，一定要依托当地实际，科学选择，切不可构造不符合实际、难以运作的组织形式。

二、组织培育原则

农业生产性服务业是推进乡村产业振兴、促进小农户与现代农业发展有机衔接的重要抓手。① 我国市场经济经过几十年的探索，一些机制还在发育之中，市场机制还不完善。那么，农业产业化组织形式的构造，只能与现有的市

---

① 芦千文，高鸣. 中国农业生产性服务业支持政策的演变轨迹、框架与调整思路 ［J］. 南京农业大学学报（社会科学版），2020（5）.

场机制相呼应，不可能等到各项机制完善后再去做。我们既不能搞不符合实际、拔苗助长超越当地条件的形式，也不能故步自封、不求进取，落伍于市场经济发展的趋势，而要积极创造条件，加快农业产业化组织形式的发育成长。主导产业不突出的地区，要加快农业主导产业的发展，改变农产品批量小、难成气候的状况；农村社会化服务组织和各类专业协会、中介服务组织不完善的地区，要采取一些措施，加快培育；市场不健全的地区，要通过行政的、经济的等多种措施，构建完善的市场体系。通过培育扶持可以使农业产业化组织形式建立在牢固的基础之上。

三、嫁接利用原则

我国农业产业化由局部经验上升为全国的共识，经历了一个由不认识到认识、从低水平向较高水平成长的过程，在组织形式上也有不少创新。各地区发展农业产业化要借鉴先行地区成功的做法，按照当地的实际进行改造嫁接，使当地不适应农业产业化运作的组织形式，经改造、改组后成为符合当地实际的产业化组织形式。各地区对一些农业社会化服务组织、各类专业协会，可使其由过去单纯的技术服务、物资服务发展成为带动本地区农业产业化发展的组织形式；对一些服务面比较窄的中介服务组织，延长产业链，下连初级产品生产，上连加工销售等，形成产、销、服务一体化的产业化组织形式。农业产业化组织形式的嫁接改造，一定要发挥原有组织形式的优势，学习借鉴先进、科学的组织形式的优点，做到优势互补，弥补不足，健康发展。同时，我们要学习借鉴国外成功经验，加快农业产业化组织形式的培育。

四、循序渐进原则

农业产业化本身是一个渐进的过程，其组织形式的发展也是如此，要经历从初级向中级、高级形式发展。我国东、中、西部地区现代农业产业化的发展各有特点，这些区域内部经济发展也不均衡。但总体来说东、中、西部区域之间的差别较大，经济发展的历程一般处于不同的阶段。因此，东、中、西部地区现代农业产业化发展要充分依据当地的实际经济发展情况，按照因地制宜的产业化原则，发展成为区域具有比较经济优势的农民经济组织、农业产业化的龙头企业或者是实现二者产业化联动的组织，还要根据经济发展情况在农业产业化组织形式培育上采取从低级到高级逐步过渡的形式。在培育发展农业产业化组织形式上，经济欠发达地区由于市场经济起步晚，发育不健全，可以先探索一些农业产业化的初级形式，经过一段时间发展，再逐步向中级、高级形式过渡；经济发达地区市场发育比较规范，农村社会化服务水平较高，在农业产业化组织形式选择上，可以起点高些，尽可能选择较高级的组织形式。

五、遵循公平原则

在现代市场经济条件下，遵循公平原则是应有之义，也是维护农民各项权益的根本保障。在市场经济中遵循公平的原则就是，市场经济当事人要按照法律要求以遵循资本市场的交易规则为市场经济准则，享受公平合理的市场待遇，杜绝特权主义，坚决打击一些不遵守法律法规的行为。将农民的一切权益与人们所要遵守的法律义务进行统一是公平原则的根本所在。公平原则对于推进农业产业化具有重要作用。只有使农业生产相关的经济组织、产业化发展的带头企业以及个体之间的利益交换遵循好公平公正原则，才能让广大农民群众的利益得到有效保障。

第二节　农业产业化基本组织形式

进入新时代后，约束经济增长和发展的条件必然发生深刻的变化。习近平总书记全面论述了这种变化，进而明确指出中国经济发展进入了新常态，具有新的时代性特征。[①] 道格拉斯·诺思认为，有效率的经济组织是经济增长的关键。随着商品化、市场化的发展，经济组织在政治、社会、文化生活中的作用

---

① 洪银兴，刘伟，高培勇，金碚，闫坤，高世楫，李佐军."习近平新时代中国特色社会主义经济思想"笔谈 [J]. 中国社会科学，2018（9）.

和影响不断扩大。经济发展实践表明，经济组织的不断创新是经济社会不断发展的内在动力，也是经济社会发展的重要内容之一。因此，经济组织的发育和创新成为带有全局性的根本任务。"有效的组织形式是重要的社会资源"①。经过长期的改革实践，农业产业化已成为增加农民收入、加强农村社会组织建设、维护农村和谐稳定的重大举措。目前，随着我国农业产业化实践的飞速发展，农业产业化组织也呈现出多样化态势。

一、我国农业产业化组织形式概况

（一）农业产业化的探索起步阶段

我国农村实行家庭联产承包责任制之后，在各项事业取得巨大飞跃的同时，一家一户分散的小农经济在经济社会发展过程中逐渐暴露出农户"卖难"等一系列问题，农业发展的一些矛盾也开始暴露。1985 年出台的中央一号文件取消了我国长期以来的农产品统购统销制度，除采取国家计划合同收购的少数重要产品外，畜禽、水产、茶果等大多数农产品可以自主走向市场，其价格也得以放开，农产品的市场化程度明显提高，但也导致了产供销脱节。随着我国经济市场化改革进程的不断推进，贸易企业、加工企业和农户逐渐意识到，只有三方联合起来，建立共担市场风险、共享产业利润的紧密型合作关系，才能更好地规避市场风险、提高竞争力。经济比较发达地区行动快，山东省就是一个典型的例子。1986 年，山东省枣庄市初步探索出一条"农工商、产加销"一体化经营的路子。1988 年枣庄市正式提出"贸工农、产加销"一体化发展战略。受枣庄市一体化发展战略的影响和启发，山东许多地方开始探索农业产业化的经营方式，并在实践中加以尝试，逐渐形成了以"种养加"、产供销一条龙、贸工农一体化为主要形式的农业产业化经营模式。

（二）农业产业化推进阶段

1992 年邓小平南方谈话促进了中国改革的深入推进，同年颁布的《关于发展高产优质农业的决定》提出要以市场为导向，继续调整农业产业结构，

① 顾焕章，张超超. 中国农业发展之研究［M］. 北京：中国农业科技出版社，2000：199.

加快高产优质高效农业的发展。党的第十四次全国代表大会提出建立"社会主义市场经济体制""加快经济改革步伐"的目标。1993 年初，山东省潍坊市提出了发展农业新思路："确立主导产业，实行区域布局，依靠龙头带动，发展规模经营。"1994 年，山东省委一号文件明确提出了农业产业化经营的思路，农业产业化、一体化经营在山东省进入了全面实施阶段。1995 年下半年，温家宝同志在山东省视察农村工作时，充分肯定了农业产业化、一体化经营的做法。1995 年 12 月 11 日，《人民日报》用较大的篇幅介绍了潍坊市发展农业产业化的经验。农业产业化被认为是农业经营体制的第二次改革，是市场经济下发展农业的基本模式，是实现农村经济第二次飞跃的现实选择。1996 年，江泽民同志明确要求，应引导农民进入市场，把千家万户的农民与千变万化的市场紧密地联系起来，推动农业产业化。之后，农业产业化的思维理念在中国开始形成。1996 年农业产业化被写入《农民经济和社会发展"九五"计划和2010 远景目标纲要》。党的十五大报告提出，要积极发展农业产业化经营，形成生产、加工、销售有机结合和相互促进的机制。2000 年党的十五届五中全会通过的《关于制定国民经济和社会发展第十个五年计划的建议》明确指出，要把农业产业化经营作为推进农业现代化的重要途径，鼓励、支持农产品加工和销售等企业带动农户进入市场，形成"利益共享、风险共担"的组织形式和经营机制。党的十六大报告提出，要积极推进农业产业化经营，提高农民进入市场的组织化程度和农业综合效益。2003 年胡锦涛同志在中央农村工作会议上明确要求，要积极推进农业产业化经营，一定要将其作为农业和农村经济工作中一件带有全局性、方向性的大事来抓。党的十七大报告明确要求发展农民专业合作组织，支持农业产业化经营和龙头企业发展。2010 年中央一号文件要求增加农业产业化专项资金，扶持建设标准化生产基地，建立农业产业化示范区。之后，农业产业化的思想在全国逐渐传播，农业产业化问题也成为学术界研究的热点问题，并开始逐步成为一些地方政府农业发展的战略目标。于是，各种形式的农业产业化组织在全国各地迅速发展起来。

（三）农业产业化的提高阶段

党的十八大以来，以习近平同志为核心的党中央从我国经济建设的实际出发，根据国内国际经济运行的新趋势、新变化，做出了我国经济发展进入新常态的重大判断，阐述了经济新常态的主要特征和内涵。新常态揭示的是新阶段的表现形式，经济发展进入新常态就是进入新阶段。这是党中央审时度势，对中国经济发展阶段转变的重大概括，是认识和遵循经济社会发展规律的重大体现，也是对中国特色社会主义政治经济学理论的重大发展。中央关于新常态、新阶段判断的确立，不只是涉及短期政策措施的调整，而是关系到长期发展战略和政策的重大转变，并在此基础上推进制度和机制的改革创新。① 我国农业产业化也要从追求速度与比重转向以质量与效益为重。2012 年国务院出台的《关于支持农业产业化龙头企业发展的意见》明确指出，农业产业化是我国农业经营体制机制的创新，是现代农业发展的方向。该文件为加快发展农业产业化经营、做大做强龙头企业提出一些指导意见与要求。2013 年农业部出台的《国家农业产业化示范基地认定管理办法》加强了对国家农业产业化示范基地的监督与管理，促进了国家农业产业化示范基地认定工作的规范化、制度化。2015 年国务院办公厅印发《关于加快转变农业发展方式的意见》，在第九条"大力开展农业产业化经营"中要求"大力发展一村一品、村企互动的产销对接模式；创建农业产业化示范基地，推进原料生产、加工物流、市场营销等一二三产业融合发展"。2017 年 10 月，党的十九大报告要求"构建现代农业产业体系、生产体系、经营体系，……实现小农户和现代农业发展有机衔接。促进农村一二三产业融合发展"②。2017 年 10 月，国务院 6 部门联合印发《关于促进农业产业化联合体发展的指导意见》明确提出，要积极培育发展一批带农作用突出、综合竞争力强、稳定可持续发展的农业产业化联合体，成为引领我国农村一二三产业融合和现代农业建设的重要力量。2018 年 5 月 15 日，全国农业产业化联席会议强调，要加快推动农业产业化高质量发展，发挥农业产业化在构建乡村产业体系、促进乡村经济多元化发展、带动农户就业增收等方面的重要作用，为农业供给侧结构性改革和乡村振兴做出新的贡献。2018 年 9 月中央印发的《乡村振兴战略规划（2018 - 2022 年）》要求"加快培育农商产业联盟、农业产业化联合体等新型产业链主体，打造一批产加销一体的全产

---

① 郭克莎. 中国经济发展进入新常态的理论根据——中国特色社会主义政治经济学的分析视角 [J]. 经济研究，2016（9）.

② 习近平. 决胜全面建成小康社会，夺取新时代中国特色社会主义伟大胜利——在中国共产党第十九次全国代表大会上的报告 [M]. 北京：人民出版社，2017：32.

业链企业集群"。此阶段农业产业化以新的途径（农村一二三产业融合、农业产业化示范区）、新的组织模式（农业产业化联合体）推进，逐步提高了农业产业化发展质量。2019 年中央一号文件对发展壮大乡村产业提了若干要求。农业产业化在构建现代农业产业体系、生产体系、经营体系，培育新型农业经营主体，促进农村一二三产业融合发展方面，有重要作用，也进入了关注视野。中共中央办公厅、国务院办公厅印发的《关于促进小农户和现代农业发展有机衔接的意见》指出，要统筹兼顾培育新型农业经营主体和扶持小农户，发挥新型农业经营主体对小农户的带动作用，积极发展"农户 + 合作社""农户 + 合作社 + 工厂或公司"等模式，完善农业产业化带农惠农机制；鼓励龙头企业通过"公司 + 农户""公司 + 农民合作社 + 农户"等方式，延长产业链，保障供应链，完善利益链；鼓励和支持发展农业产业化联合体。2020 年中央一号文件强调，要重点培育家庭农场、农民合作社等新型农业经营主体，培育农业产业化联合体，通过订单农业、入股分红、托管服务等方式，将小农户融入农业产业链。

农民合作社发展规范提升。2018 年底，全国依法登记的农民合作社达 217.3 万家，近 1/2 农户已加入农民合作社，联合社达 1 万多家。全国有 237.5 万个建档立卡贫困户加入农民合作社，约 10% 的国家农民合作社示范社位于国家级贫困县，带动成员 22.8 万户。龙头企业联农带农成效明显。经县级以上农业产业化主管部门认定的龙头企业超过 8.7 万家，全国 10 个省份认定省级农业产业化联合体近 1 000 个。全国各类农业产业化组织辐射带动农户 1.27 亿户，农户年户均增收超过 3 000 元，初步形成了订单带动、利润返还、股份合作等紧密型利益联结方式。[①] 龙头企业创新与农民的利益联结机制，让农民更多地分享产业融合成果。通过股份合作，龙头企业的资金、设备、技术可以与农户的土地经营权、劳动力等要素以股份方式结合在一起，实现利益共享、风险共担。全国各类产业化组织加大原料生产基地建设投入力度，推行质量体系认证和品牌建设，推进优质高效农产品供给。各类农业产业化组织根据市场需求变化及时调整生产结构，加强对农户提供品种供应、技术指导、病害

---

① 农业农村部网站．十三届全国人大二次会议第 2160 号建议答复摘要［EB/OL］．http：//www.moa.gov.cn/govpublic/zcggs/201909/t20190912_6327931.htm．

防治等专业化服务，指导农户调减低端、过剩产能，提高有效供给。

二、我国农业产业化基本组织形式

目前，在我国占据主要地位的农业产业化组织形式是龙头企业带动型、中介组织带动型和专业市场带动型三种，下面具体分析这三种农业产业化组织形式的内涵、特征和类别。

（一）龙头企业带动型

判断农业产业化经营的核心标准，是多元参与主体能否结成经济利益共同体。龙头企业带动型中农业产业化发展的动力是龙头企业与农户两者作为农业产业化经营的行为主体对利益最大化的追求。农业产业化龙头企业带动型中农业产业化的核心就是龙头企业与农户之间要建成"风险共担、利益均沾、公平分配"的利益共同体。龙头企业带动型是我国农业产业化实践中最常见的组织形式，一般采取"公司＋农户"和"公司＋基地＋农户"为基本组织形式。

1. 基本内涵分析。

（1）龙头企业的含义。农业产业化龙头企业是指从事农产品生产、加工或流通，并通过各种利益机制与农户相联系，使农产品生产、加工、销售有机结合，实行一体化经营的企业。[1] 龙头企业中有国有企业、股份制企业和私营企业。农业产业化龙头企业作为新型农业经营主体的重要组成部分，是构建现代农业产业体系、生产体系及经营体系的重要参与者、贡献者和引领者，也是推进农业产业化经营、健全农业社会化服务体系的积极践行者和引领者。它有四个明显特征：一是以农产品加工、销售为主；二是能将农民组织起来进行专业化生产；三是能准确把握市场，具备较强的科技创新能力；四是与农户结成利益共同体，改变过去农民的产前、产中和产后严重脱节的现象，使加工和销售环节的部分利润能够为农民所获。[2] 在我国现有制度的约束下，具有科层组

---

[1]　农业农村部网站. 农业部办公厅关于开展农垦系统农业产业化经营情况调查的通知［EB/OL］. http：//www. moa. gov. cn/govpublic/NKJ/201203/t20120315_2510625. htm.

[2]　王厚俊. 农业产业化经营理论与实践［M］. 北京：中国农业出版社，2007：57.

织优势的农业产业化龙头企业是构建现代农业产业体系的重要主体，是推进农业产业化经营的关键。[1]

（2）龙头企业带动型的内涵。龙头企业带动型组织形式是指将龙头企业的生产、加工和销售与农户的农业、农产品生产相结合，以市场为导向，按照约定的利益联结机制，联结为一体化的共同体，它们是一定程度的"风险共担、利益共享"的利益共同体。龙头企业带动型是以公司或集团企业为主导，以农产品加工和运销企业为龙头，重点围绕一种或几种产品的生产、销售，与生产基地和农户有机地联合，进行一体化经营（见图 3.1）。近年来，我国大型工商企业也开始进入农业领域，成为联结国内千家万户和国内外大市场的大龙头企业，这是我国农业产业化发展的新热点，受到越来越多的人关注。

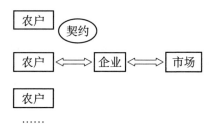

图 3.1 龙头企业带动型

2. 基本特征分析。龙头企业带动型组织形式一头连着市场，另一头连着农民，这样就能把小农生产和复杂多变的大市场需求联系起来，避免了农户因难以准确地把握市场信息而出现农产品"卖难"现象的发生，可以帮助农民紧紧围绕市场需求和市场变化，树立为卖而产、为赚而卖的意识，将效益作为农业生产经营的根本标准。[2] 这种组织形式还能联结城乡、工业和农业，使农业产前、产中和产后紧密联系起来，实现农业生产、价格、运输和销售的协调发展。[3] 龙头企业一般会与农户或基地签订产销合同，用以约束合同双方的行为，维护双方在各方面的权益，规定公司向农户提供关键性的生产资料和产中

① 陈超，徐磊. 流通型龙头企业主导下果品产业链的整合与培育——基于桃产业的理论与实践 [J]. 农业经济问题，2020（8）.

② 赵美玲，张霞. 机遇、挑战与对策：农民现代化实现路径探究——基于中国特色新型农业现代化的视角 [J]. 广西社会科学，2016（11）.

③ 范龙昌，范永忠. 农业产业化过程中农户利益的保障机制研究——基于"公司＋农户"经营模式的分析 [J]. 改革与战略，2011（8）.

服务，承诺产后收购全部或部分产品，而农户则要按照公司的要求进行生产，并保证按照要求向公司提供规定数量的合格产品。龙头企业会建立商品生产基地，基地的建立由企业提供资金和技术，农户提供土地，企业与农户之间通过基地以契约形式相联结，农户在基地内进行生产，公司以基地为依托将开发名、优、特、新农产品作为重点，农户在基地内试种新产品，并按照合同契约提供农产品。在这个过程中，龙头企业、生产基地和农户是共同利益体。

3. 类别分析。龙头企业与农户之间利益联结方式是多种多样的，根据龙头企业与农户之间利益联系的紧密程度及联结方式（途径）的差异，把龙头企业带动型农业产业化经营模式又具体划分为松散型、半紧密型和紧密型三种。

（1）松散型。龙头企业与农户的联系较为松散，双方在产权上是相对独立的经济实体，合作（多方）是依靠信誉、风俗习惯、地域关系以及其他社会关系建立和维持一种经济关系。龙头企业对农户的产品采取买断方式，产品价格随市场变化而变化，也就是说，这种组织形式中，联结龙头企业和农户的主要纽带就是市场，即龙头企业对农户生产的农产品进行一次性收购，双方不签订合同，自由买卖，价格随行就市。除此之外，农户与龙头企业之间没有任何经济联系和经济约束。企业与农户之间的产品交易完全是纯粹的市场行为，双方关系既不稳定，也不相互承担责任，这种买断型的利益关系，在一定程度上解决了农产品"卖难"问题，为农民出售农产品提供了便利，并降低了农产品的交易成本，对农业生产有一定的促进作用。此外，对处于发展初期、既无自己的生产基地又缺乏足够的流动资金的企业而言，这种经营模式也不失为解决原材料来源的有效方式之一，因而对农业产业化发展也具有积极意义。由于农产品的价格随行就市，且基本没有事前的信息引导，农民只是价格的被动接受者，仍处于提供原料的地位，缺乏发展农业产业化经营的积极性。从总体上看，这对增加农民收益、实现农民利益目标的作用或贡献非常有限。企业无须分担农户的经营风险，但其原料的数量和质量也难以保证。

在这种组织形式中，由于龙头企业与农户双方在产权上是相对独立的经济实体，其合作是基于双方的风俗习惯、信誉和地域关系等，这种联系相对松散。龙头企业根据市场价格对农户的产品进行买断，也就是说，在这种组织形式中，联结龙头企业和农户的主要纽带就是市场，这导致双方关系非常不稳定。

（2）半紧密型。在这种联结形式中，企业与农户为了明确双方的权利和义务，在坚持自愿和平等互利的原则下，签订具有法律效力的契约合同，以合同契约关系为纽带进入市场，以保证企业和农户都能获得利润。在这种经营模式中，龙头企业和农民各有所需，龙头企业要保证自身可靠的、充足稳定的原材料来源，农民也希望有比较稳定的销售渠道及市场，因此，为了各自的利益而以合同契约形式建立起经济联系。农民将农产品按合同契约规定的价格、农产品数量和付款方式卖给龙头企业，当然龙头企业为保证农产品正常的供给和良好的质量，它们会给予农民一定的农业生产物质作为支撑，并适当予以技术指导。龙头企业为了更加稳定与农民的这种经济联系，还会返还一部分利润给农民，因为农民作为原材料的供给者，在市场中处于不利地位，这时龙头企业会将农产品加工和销售环节的利润部分返还给农民。这种契约联结方式能够比较均衡地兼顾企业和农户的利益，交易关系比较稳定，环节少，交易成本也比较低。龙头企业按照合同契约保护价收购或包购包销农产品，为农户解决了最大的后顾之忧，还获得资金和技术指导，这样农民可以一心一意地进行农业生产，进一步发挥农业专业化、规模化生产优势。但是这种组织形式也有着某些弊端：一方面，农户在与龙头企业签订合同契约时，农民在市场谈判中处于弱势地位，再加上农业产业的自然风险以及地域分散性等特征，共同导致了农业产业化所面临的现实困境①。另一方面，企业对农产品实施保护价收购，有些市场风险是无法预期的，这样就需要企业有较强的抗风险能力。这种抗风险能力可以来自两方面：一是来自企业自身，即企业具有一定的规模优势，有能力进行规模垄断或行业垄断；二是来自企业的外部环境，如享受政府的优惠政策（贴息贷款、减免税收等）。

（3）紧密型。这种联结形式中，龙头企业和农户是完全的利益共同体，这就要求改变过去各自独立的产权关系，具有一定经营规模的农户可以以资金、土地、设备、技术等要素入股成为龙头企业的股东，形成"资金共筹、利益共享、积累共有、风险共担"的利益共同体②，共同参与企业的经营决策

---

① 周冬梅，张文明．乡村振兴战略中农业产业化的活力隐忧与路径选择——基于广西壮族自治区的调查［J］．湖北民族大学学报（哲学社会科学版），2020（4）．

② 张海涛．龙头企业—农户利益联结机制及组织模式研究［D］．北京：北京交通大学，2008．

和利润分成。另外，在这种联结形式中，农业生产完全实行企业化经营，企业与农户的外部交易关系转化为企业内部的经营管理关系，生产原料的农户和进行加工的企业可获得整个产业链的平均利润。将企业与农户的外部交易关系转化为企业内部的经营管理关系，有助于完全实现农业生产的企业化经营，而从事农业生产的农户和进行加工、运输及销售的企业可获得整个产业链的平均利润。① 紧密型组织形式是农业产业化的高级形式，表现为稳定与持续。龙头企业与农户利益联结方式的选择因不同的农业经营水平、不同的经营项目、不同的地域而异。牵头方龙头企业始终通过技术免费、农资让利、合同奖励、溢价收购等措施让渡组织收益，强化并保持成员间利益联结。②

在这种联结形式中，龙头企业和农户是完全的利益共同体，这种利益共同体要求农户和龙头企业改变已有的产权关系，农户要以入股的形式加入企业的经营，这种入股可以是资金，也可以是土地等形式，这样才会是真正的利益共同体，做到"资金共筹、利益共享、积累共有、风险共担"。③ 由此，从事农业生产的农户和进行加工、运输及销售的企业可获得整个产业链的平均利润。④

（二）专业市场带动型

专业市场的发展是农业经营生产专业化和集约化的现实需要，专业市场通常是由政府、企业或私人投资建成，其直接或间接管理责任和权限在投资主体，是自主经营、自负盈亏的经济实体。专业市场带动型农业产业化组织形式以专业市场为依托，联结着农户和消费市场，成为农产品交易的中介。该组织形式可以更准确地把握市场信息，通过为交易各方提供完善的社会化服务来实现降低交易成本和规模经济的目的，做到一个市场带动一个产业，从而带动千家万户，推动农村经济的发展。专业市场带动型是联结农户和市场的一种具体直接的有效组织形式，它一般采取"专业市场＋农户"的基本组织形式。

---

① 铁晓明，邓燕雯，吴声怡. 龙头企业带动型农业产业化模式思考 [J]. 福建农林大学学报（哲学社会科学版），2005（2）.

② 尚旭东，吴蓓蓓. 农业产业化联合体组织优化问题研究 [J]. 经济学家，2020（5）.

③ 张海涛. 龙头企业—农户利益联结机制及组织模式研究 [D]. 北京：北京交通大学，2008.

④ 李彬. "公司＋农户"契约非完全性与违约风险分析 [J]. 农村经济，2009（4）.

1. 基本内涵分析。

（1）专业市场的含义。专业市场是一个有形的交易场所，它一般是政府有关部门或公司甚至私人出资而建，投资者自负盈亏，并要对其进行有效的直接管理或间接管理。[1] 专业市场为了追求规模经济，对农产品进行集中，这弥补了农民"卖难"和离交易地太远的难题，也方便交易结算，大大促进了农产品的专业化和集中化生产。专业市场在农业经济发展过程中，既承载了企业的特点，也承载了市场的功能。专业市场虽然有着企业的特点，但它的利润获得并不是由进入市场的农产品数量决定，而是根据交易主体在市场中的交易数量和频率来决定，这说明专业市场是通过为产业链上的经济主体提供服务来获取收益的，它并没有直接参与产业链的延伸。因此，从某种程度而言，它又有着社会性服务组织的特点。

（2）专业市场带动型的内涵。专业市场作为一个市场交易的组织，它是各种交易信息汇聚、价格形成之地，它必须具有较强的价格发现功能。专业市场与周边农户和农产品运输销售组织通过一定的契约组成联合体，往往形成一种隐性的契约形式，这样就可以通过专业市场的价格发现、信息整合和市场功能带动专业市场周边区域的专业化生产。[2] 因此，可以将专业市场组织与农户之间的交易协调机制称为一种产业化的组织形式，即专业市场带动型组织形式。专业市场带动型组织形式围绕一个地方的主导产业，通过培育和发展一些能够突出当地优势产业的专业批发市场，通过发挥市场机制的作用，拓宽商品流通渠道，健全完善市场体系。这带动了一定区域的农业专业化生产，并促进了农业积极开展国际国内竞争（见图3.2）。

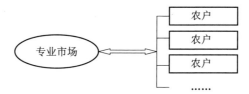

图3.2 专业市场带动型

① 黄蕾. 农业产业化经营组织比较及农民专业合作经济组织的构建与运行 [D]. 南昌：南昌大学，2006.

② 罗必良. 农业产业组织：演进、比较与创新——基于分工维度的制度经济学研究 [M]. 北京：中国经济出版社，2002：302－303.

2. 基本特征。专业市场带动型以专业市场或专业化批发交易中心为依托，通过买卖、运销，为联结的生产基地和农户提供服务[1]，为消费中心也就是市场提供服务，从而带动区域性专业化生产，不仅解决了农产品销售难和信息不对称的矛盾，也扩大了生产规模，节约了交易成本，提高了农业生产经济效益。专业市场直接与生产基地签订合同，或者直接与农户结成联合体，这样直接或间接地可以将农户纳入市场体系，逐步通过市场带动产业的发展，进而形成带动农户发展的良好局面，形成一个专业化区域经济发展带。因此，建设能够凸显当地优势的较为规范的专业市场是这一组织形式的重要基础。

3. 类别分析。

（1）生产基地批发市场型。把专业批发市场建立在生产基地是这种市场类型的特点。专业批发市场建立在生产基地，这不仅方便农民能够较为快捷地进入市场，还能减少运输成本，根据市场需求为农民准确地提供价格指导、供求信息等。[2] 我国农业生产单位小、商品量不大，如果直接运到比较远的中央批发市场或地方批发市场出售则运输成本比较高，而在生产基地把农产品出售给收购商大大节约了成本和流通时间。生产基地批发市场的传统功能是集散货物、交易商品、价格形成和信息集散等。当然它还有潜在的和需要不断创新发展的社会功能。生产基地批发市场具有组织农业生产、组织农产品加工、组织农业科技服务和农民教育培训、提高农产品质量、促进农业一体化生产经营、促进城镇和农村经济社会发展等一系列功能。

（2）消费地批发市场型。把专业批发市场建立在农产品的消费地是这种市场类型的特点。消费地批发市场多分布在大城市内部或外围，在距离城市较远的农村地区分布较少，布局基本符合消费市场接近消费地的原则。运输户可以把农产品从产地运送到消费地批发市场，而对于运输户的选择没有特别要求，这也不是专门由这一专业市场来承担，这些运输户可以使市场和农户有效地联系起来。

（3）消费地零售超市型。把零售市场建立在农产品的消费地是这种市场

---

① 熊晓晖. 农业产业化龙头企业资金支持模式研究——以江西省为例［D］. 南昌：南昌大学，2009.

② 吕蓉，刘志坚. 农产品专业市场集群的形成机理分析［J］. 湖南社会科学，2008（6）.

类型的特点。这种类型是在消费地设置零售市场。一些初级农产品的销售对象是某些批发市场，而随着现代人们生活的精细化，很多消费者会选择在超市购物，显然初级农产品在超市的销路就不行，只有一些经过简单加工的农产品才能在超市有好的销路，这就要求农民对于农产品进行简单的加工，这也促使农产品有了加工增值，增加了农民收入，同时也可以让农民直接面对消费者，能够更加准确及时地捕捉市场信息。

（三）中介组织带动型

中介组织带动型组织形式是以合作经济组织为主的，通过股份合作制或合作制等利益联结机制，实现农业一体化经营。[①] 在联结农民个体、聚拢闲散资源方面，农民合作社是重要抓手。[②] "合作经济组织 + 农户"是中介组织带动型采取的基本组织形式。近年来，在我国农业产业化发展的实践中，这种组织形式运行效果很好。

1. 基本内涵分析。

（1）合作经济组织的含义。合作经济组织是劳动者和弱势群体资源联合起来，互助互利，为满足他们的共同需求而建立的一种经济组织，它既是群众性的独立自治联合体，也是具有法人地位的生产经营企业。在我国农业产业化的实践中，农村涌现出大量合作经济组织。这些合作经济组织先在沿海发达地区的农村出现。随着改革开放及沿海工商业的发展，大量的农民弃农从工、从商，一家一户经营土地的比较效益极其低下，促使农民把土地集中起来走合作之路，一批不同类型的合作经济组织在沿海发达地区诞生，并表现出极强的生命力。

合作经济组织是按照"民管、民办、平等互利、自负盈亏"的原则，由政府部门、龙头企业或专业大户牵头建立的，政府不直接参与管理。起初，农户根据本地区的自然地理环境，集中生产一些有本地优势的农产品，慢慢形成一定的规模，获得了可观的经济效益，就有更多的农户参与生产，生产规模逐

---

① 吴玺玫. 新形势下农业产业化组织结构形式探析 [J]. 华中农业大学学报（社会科学版），2010（2）.

② 刘风. 农民合作社的反脆弱性及其贫困治理能力 [J]. 中国农业大学学报（社会科学版），2018（10）.

渐扩大。但是，农户的个体分散性决定了农产品贮存、运输和销售的成本会很高，产品质量不统一，不利于农产品进入市场，从而形成产品短时间积压，出现"买难、卖难"的局面。农户为解决分散经营导致的"卖难"问题和增加自身的市场谈判地位，以自愿的形式开始加入合作经济组织。合作经济组织为进行日常的运作和管理会向加入的成员收取一定的费用，利润的分配根据成员的生产能力和产品质量来进行。

（2）合作经济组织带动型的内涵。合作经济组织带动型组织形式是根据市场经济的客观要求，培育各种合作经济组织（合作社、专业协会、研究会），且当合作经济组织发展到一定规模并拥有相当经济实力时，可由合作经济组织直接建立产前、产中及产后龙头企业，或由合作经济组织牵头，发动社员投资入股创办加工项目，以此带领农户进入产业化轨道（见图3.3）。

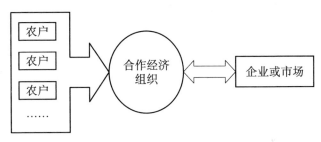

图3.3 中介组织带动型

2. 基本特征分析。中介组织带动型组织形式是以合作经济的机制实现集体经济的创新，具有整合与服务小农户的功能，是将小农户与现代农业发展衔接的重要组织载体。[①] 合作经济组织成为农业产业化经营的主要载体，可带动农户参与农业产业化经营并获得经济收入的持续增长。合作经济组织已成为发达国家农业发展的主要运行方式，它既能很好地起到组织农民的作用，还能向农产品加工业和流通业发展，在很大程度上通过一体化经营加入了非农产业的市场竞争。[②] 其基本特征可以归纳为以下两点。一是合作经济组织是由中、小农户自愿加入的联合体，相关事务由全体成员协商，其成员在生产、交易中统

---

① 郭庆海. 小农户：属性、类型、经营状态及其与现代农业衔接 [J]. 农业经济问题, 2018 (6).

② 慕永太. 合作社理论与实践 [M]. 北京：中国农业出版社, 2001: 261.

一行动,并进行资金融通方面的合作,这种形式可以减少中间商的高利贷剥削,共享加工增值的效益。二是合作经济组织更多的是强调一种市场自发的行为。过去的农村合作社都是政府包办,在新中国成立后,政府引导农民走上了集体化的道路。现今处于市场经济条件下的合作经济组织,是农民抵御自然风险和解决农产品"卖难"的市场风险的一种自发形式,使农户在市场的话语权得以提升,也提升了农户在组织层生产关系中的位置,并以组织及制度的形式保障和提高农户的市场博弈能力①,提升农户缔约地位。在合作经济组织形式中农民有话语权,农民有加入和退出的自由,不受行政约束。因此,合作组织带动型组织形式成为农业产业化中提升农户经济和社会地位的好形式。

3. 类别分析。国际上合作经济组织发展较早,其组织规范较为成熟,有着严格的章程。目前,我国合作经济组织正处于高速发展的阶段,加上区域经济差异和政策环境不同,各个地方根据其经济社会发展和资源禀赋相应地形成了多种组织形态,典型的组织形式有以下三种。

(1)社区性合作经济组织。这是在我国农村以乡村行政区域为基础建立的合作经济组织,是农业产业化经营最基层、最丰富的组织资源。社区性合作经济组织实行"统分结合、双层经营",其主要职能是"管理、经营、协调、服务和积累",就是在对农户家庭经营加强管理、协调和指导的同时,也为农户家庭经营提供各种有效服务。社区性合作经济组织是否健全,是双层经营体制是否完善的重要标志。有的社区性合作经济组织在实践发展过程中没有摆脱政社分离,残留着行政色彩。

(2)专业合作经济组织。专业合作经济组织是按照"民办、民管、民受益"的原则以农户经营为基础发展起来的新型经济组织,是群众以某一产业或产品为纽带而实现的自愿联合,以增加成员收入为目的,实行资金、技术、生产、购销、加工等互助合作的经济组织,具有专业性、自助性和互利性的特点。专业合作经济组织主要有农民专业协会和农民专业合作社等。专业合作经济组织在农业产业化经营中的作用与功能主要是组织功能、中介功能、载体功能和服务功能。

(3)农村合作基金会。这是一种资金互助合作组织,是由乡(镇)、村社

---

① 吴军,黄涛. 乡村振兴与善治的政治经济学分析 [J]. 现代经济探讨, 2020 (11).

区合作经济组织和农户按照自愿互利、有偿使用原则而建立，该组织在坚持资金所有权和收益权不变的前提下，主要用于农村资金的扶持和集体资金管理。

我国现存的农业产业化组织形式主要有以上三种，当然也还有如主导产业带动型、专业大户带动型、合作组织带动型等，但从对产业经营组织的界定来看，这些组织类型本质上还是以上三种组织形式的初级阶段或变种。

第三节　农业产业化组织形式与乡村振兴的互动关系

农业产业化组织形式决定了产业化经营效率的高低。那么，如何进一步提高经营组织效率，不断增加农民收入，对于推进农业农村现代化、加速乡村振兴具有很强的现实意义。

一、龙头企业带动型与乡村振兴

农业产业化经营是我国继家庭联产承包责任制后的又一次组织制度创新。新型农业经营体系是实现农业现代化的有效组织载体。[①] 龙头企业带动型对克服农户小生产与大市场的矛盾以及带动农民增收起到了积极的作用。龙头企业带动型对农民增收、加快农村发展、实现乡村振兴的作用主要表现在五个方面。

（一）龙头企业为农户拓宽了市场，稳定了农产品的销路

我国农村实行家庭联产承包责任制后，极大地提高了农民的生产积极性，生产力得到了极大发展。但小规模生产的农户由于市场信息不灵，在农产品的生产上往往表现出从众行为，一旦看到某种农产品有利可图就会"一哄而上"，这样就会造成供给大于需求，进而使农产品价格下降，结果导致农产品增产农民却难以增收。而农业龙头企业规模大，掌握的市场信息资源充分，市

---

① 陈廉，林汉川. 新型农业经营体系：农业现代化的有效组织载体［J］. 江苏农业科学，2016 (9).

场开拓能力强，农户加入"公司＋基地＋农户"或"公司＋农户"的农业产业化经营链后，销路有了保障，收入就稳定了，这样农户就能够把精力放在农产品的生产上。①

（二）龙头企业有助于提高农产品产量和质量，提升了农业竞争力

在"公司＋基地＋农户"或"公司＋农户"农业产业化组织形式中，龙头企业负责农业生产的产前、产中、产后的技术指导与服务，龙头企业对参与产业化经营的农户提供优良品种和高质量的种苗和种子，在生产过程中对技术环节进行指导和把关甚至采取统一的技术措施，对生产成果统一收购，这不仅有利于把先进和适用的农业技术应用于生产，推动农业的技术进步，而且有利于提高农产品的产量和质量。龙头企业带动型的产前、产中、产后等诸多部门由于跨越一、二、三产业而形成了一个涵盖面相当宽广的产业群体。龙头企业带动型能有效地延伸和拓展农业产业链，其效益也正是取决于产业链的延伸和拓展状况。这一点对于某一地区经济的发展而言尤为重要，只有很好地衔接产业链的各个环节，特别是参与附加值较高的环节，才能形成一条完整的、环环相扣的链条，形成完整的一体化经营形式，最终满足区域内外市场现实和未来的需求，提高区域农产品的附加价值和农业竞争力。②

（三）企业化的农业经营管理形式，形成了新的经济增量

在"公司＋基地＋农户"形式中，农业生产基地是其中一个有机组成部分，统一由企业实施计划管理和目标管理，责任制具体落实到每个生产经营者，既可以由公司企业的产业工人进行经营管理，也可以与当地农户联合经营。"公司＋农户"形式通过公司直接介入农业生产和经营，形成农产品生产、加工和销售一体化的经济体系，体系中的各方组成了相关性较高的利益整体。这打破了农村各个生产行业原本分散、互不联系的经济独立运行状态，将现代化的工厂生产制度和先进的管理方式引进到农村商品经济的发展中，将小生产以及自然经济特性明显的种植业和养殖业改造成为大生产与商品经济特性明显的、专业化分工协作的现代化生产。发达国家农业的"风险共

---

① 陆文聪. 民营经济与农业产业化发展［M］. 北京：经济科学出版社，2006：164.
② 铁晓明，邓燕雯，吴声怡. 龙头企业带动型农业产业化模式思考［J］. 福建农林大学学报（哲学社会科学版），2005（2）.

担、利益共享"的经济共同体，凭借共同体一体化经营产生新的经济增量。[1]

（四）规模化的农业生产加工，提升了农业参与市场竞争的程度和层次

农业规模经营是全球农业发展的共同趋势，也是中国农业经营制度和方式转型、创新的重要方向。[2] 龙头企业带动型通过形成的经济实体可以将分散在各个农户手中的土地集中到一起，使其土地经营面积达到一定的规模。一方面可以使更多的农民从单纯的农业生产中解脱出来，向农产品加工、销售公司等提供更多的剩余劳动力；另一方面又可以在此基础上推广应用许多科技含量较高的大型农业机械，使整个农业的科技水平得到提高。这充分体现了在从事农业生产加工、运输和销售等服务方面，少数农业联合生产经营企业比多数、分散的农户公司和农产品贸易商更具有经济性。该形式是由多个环节组成的完整的经济体系，同时，这种形式把同一条产业链上的多个环节串联起来，形成一条完整的生产链，有流畅的工艺流程，各个环节分工高度专业化，相互之间的联系与协作相当紧密。这种生产方式必然能够提高技术与管理水平，进而使技术效应在高效能的管理中得到充分发挥。而且通过生产规模的扩大，单位投入的产出量和劳动生产率也得到了提高，农业逐步走上了生产专业化、规模化和经营集约化以及企业化的道路，提升了农业参与市场竞争的程度和层次。

（五）逐渐形成了合理化的农业资源配置，促进了农村产业结构的调整和优化

龙头企业带动型就是在一定程度上和一定区域内各种自然资源、社会资源围绕着一个或几个主导产业进行优化配置而获得较好效益的过程。虽然某区域内的资源是有限的、特定的，但多种资源开发和利用方式可供选择。在"公司＋农户"和"公司＋基地＋农户"的实施过程中，各地打破行业、地域和所有制界限，以市场为导向配置生产资料，促进农业生产布局和农村产业结构的调整和优化。发达国家农业产业化经营的实践，如荷兰的花卉栽培和经营，法国葡萄的种植、葡萄酒的酿造和销售，美国农场主的粮食种植和出口

① 田马爽. 龙头企业带动农民增收的调查与思考 [J]. 银行家，2010（11）.
② 杜志雄，肖卫东. 农业规模化经营：现状、问题和政策选择 [J]. 江淮论坛，2019（4）.

等，都体现了该组织形式在实现区域自然资源和社会经济要素优化配置方面的优势。

二、专业市场带动型与乡村振兴

专业市场的较快发展使农业生产和流通有机结合，带动了农业产业化经营，加强了农户与市场的互动，有力地促进了流通体制改革和流通组织创新，改善了城乡人民基本生活，促进了农民增产增收，有力地推进了乡村振兴进程，取得了良好的经济效益和社会效益。

（一）有利于促进农产品生产的发展

按照辩证唯物主义的观点，生产决定流通，流通对生产又有反作用。就农产品批发市场这种流通形式来说，具体表现在商品性农产品生产的发展促进了农产品批发市场的发育，批发市场的建立和发展又反过来进一步促进农业生产的发展。如果流通不畅，农民生产的农产品的价值就难以实现，就会严重挫伤农民的生产积极性。我国改革之初批发市场尚未建立以前，多次出现农产品"卖难"问题。近些年农产品批发市场的建立和发展，使农产品流通实现了多渠道、少环节、开放式经营，货畅其流，农民的生产积极性也被充分调动起来。例如，寿光市蔬菜批发市场建立之后，带动起全市乃至周边地区农民从事蔬菜生产，充分体现出批发市场对于生产发展的重要作用。

（二）有利于改善城乡人民基本生活

批发市场上经营与价格放开，能够使价值规律充分发挥作用，农产品价格基本上能够反映其价值。因此，批发市场的发展有利于农民收入的提高，也改善了城镇居民的生活，目前，在批发市场的带动和调剂下市场上供应的蔬菜一年四季基本相同，而且相当大的部分是新鲜菜，市民生活更加便利。专业市场的建设是深入开展城乡环境综合治理、完善城乡基础设施配套功能、不断提升城乡建设水平、改善城乡居民生活和消费环境的重要环节。专业市场是服务城乡居民的重要平台，是优化城乡业态规划布局、促进现代服务业发展、推进产业转型升级的重要举措。

（三）有利于促进流通体制改革

农业是国民经济的基础产业，而农产品流通作为影响农业发展的关键因素，其对农民收入水平的提高和农产品价值的实现至关重要。[1] 改革开放 40 多年来，我国市场经济体制逐步发展和完善，农产品产销体制和运行机制发生了极大的变化，农业产业化日渐成熟，其组织形式也日益多样化。我国农产品流通体制逐渐改革，从价格调整、缩小计划购销品种和发展集贸市场开始，逐步发展到建立农产品的批发市场。而批发市场的建立和发展极大地冲击了旧的流通体制。各种专业市场建设的初衷就是构建区域化、专业化和独具特色的流通中心，进而辐射和带动周边区域。随着农产品批发市场成为我国农产品流通的中心，国有农产品流通企业要想获得广阔的市场就一定得转换经营机制，增强活力，此时这些企业已经不能简单地依靠政府的指令性计划了，而要积极面对广阔的市场。国有农产品流通企业以市场为导向的这种转制极大地深化了农产品流通体制改革。[2]

（四）有利于流通组织创新

农产品批发市场的发展呼唤着流通组织的创新。我国农产品批发市场越来越多，交易量也越来越大，于是，一些深层次的矛盾和问题也随之而来。农产品生产者进入批发市场的组织化程度太低、竞争力弱，不可避免地会造成大量的利润被中间商赚走。这就要求我们必须加快流通组织的培育。我国现在有一些地区已经成立了专业市场，把农民组织起来，整体进入市场，增强了市场竞争力，收到了很好的效果。今后，随着改革的不断深化、市场的不断发展壮大，农民参与的流通组织一定会更好更快地发展起来。

（五）有利于提高农民组织化程度

规模化生产是农业产业化经营的需要，专业市场带动型农业产业化组织在我国农村发展实践过程中作用较为明显，且在扩大生产规模时专业市场能将分散的农户联合起来。生产基地批发市场型、消费地批发市场型和消费地零售超市型等专业市场的发展联结着农民和消费市场，使农民直接面向市场组织生

---

① 郑伟. 农产品流通体制研究［J］. 经济研究导刊, 2017（4）.
② 刘天祥. 专业市场流通体系应当成为拉动内需的主要动力［J］. 湖南商学院学报, 2010（2）.

产，从一定程度上解决了小农户如何面对大市场的问题，从而可以让农民根据市场组织农业生产，带动区域农业生产的规模化和专业化，逐步形成农产品区域优势产业带。这还可以有力地促进不同农产品区域化、规模化生产，进而促进农业产业规模的膨胀，形成竞相发展的良好局面。专业市场解决了一家一户的小生产面对大市场的难题，面对市场组织生产有利于提高农民生产经营的组织化程度，加快农产品的流通，提升农产品的运销效率，进而使农业生产比较效益显现。

（六）有利于加快市场信息传递、优化资源配置

现代农业发展中一家一户的小农生产面对市场时由于自身规模小、信息不畅通，生产的农产品与市场不对称的现象时有发生，农民的利益遭受损失。这样看来，及时敏锐地获取和研判市场信息，根据市场信息有效地调节农产品的生产，对维护农民的利益非常重要。专业市场的建设与发展，核心优势在于它具有信息和农产品的集散、分享等功能，可以节省农产品交易的费用，以便各交易主体更为便捷地获取信息而提升成交率。当前虽然我国大数据和信息化建设也取得了长足的进步，但也存在着短板。专业市场可以捕捉市场的海量信息并对信息进行初步加工，这可以更快地提高信息利用的质量、更好地指导农业生产，这样就比农民直接使用信息风险要小。农民根据专业市场初步加工后的信息，可以及时调整自己的生产计划，从而避免生产经营的盲目性和随意性，保证他们的利益不受损害。专业市场的发展成为农产品交易双方信息交换的桥梁，加快了市场信息传递，优化资源配置，使交易双方都能够清楚了解市场供需的变化，进而提高交易效率。

三、中介组织带动型与乡村振兴

发展中介组织带动型农业产业化组织是统筹城乡发展的必然选择。统筹城乡发展是实现农业农村现代化的战略举措，是新时代中国共产党指导城乡关系的基本方针。发展中介组织是联结农村与城市的重要纽带，通过产业联动能促进城乡经济相融，推动资源要素在产业之间、城乡之间的合理流动与配置，实现城乡产业对接，强化农业与工业、商业、金融、科技等不同领域相互融合，

形成合理的产业布局，促进城乡经济协调发展。发展合作社、专业协会等能够实现企业组织形式，获取增值利润，规避市场风险，促进农产品销售，整合农村资源，促进农村社区建设，调整农村产业和人力资源结构，催生新生的中产阶层和推进农村民主管理的重要载体，完善农民利益表达的有效渠道。

（一）实现企业组织形式，获取增值利润

作为初级产品生产者的农民，通过加入一些中介组织如合作社这种企业组织形式，可进入第二、第三产业，获取或分享初级产品进入加工销售领域后的增值利润。在产前、产中、产后垂直一体化的经营形式中，"公司＋农户"是一种有效的对接形式。在这种对接形式中，农户希望自己的产品能够卖个高价，公司则以利润最大化为目的。那么，初级农产品进行深加工、储藏而带来的农业增值，都要进行利润分割，不过很显然两者的利益追求会有矛盾。农民的低组织化决定了他们只能处于弱势地位，公司与农户之间的关系总的来说是不平等的，公司处于垄断地位和强势的谈判地位。改变这种局面和状况的一种较好的方式是农民大力提高自己的组织化程度，加入中介组织，这样能增强他们的市场谈判地位，保证自己的各项权益。因此，中介组织是较好地缓解这种矛盾的方式和途径。

（二）规避市场风险，促进农产品销售

在小规模分散化经营格局下，单个农户几乎不可能进行规模化、多样化的农业生产活动。鉴于农业的多功能性，单个农户的生产经营模式不仅面临着规模约束、投资约束，也面临着经营能力的约束。因此，一条可能的实施路径是将农户组织起来进行农业服务的规模经营。① 随着市场经济的发展，农户的经营规模不断扩大，农产品生产的商品化和专业化程度不断提高，随之而来的是市场的不确定性、市场风险和自然风险对其经济活动的影响也将越来越大。尤其是对于那些生产保鲜期短、不易运输、附加值高、需求弹性相对较大的农产品的农户来讲，由于受到资产专用性的制约，生产者在交易中可周旋的余地十分有限，经营风险也会加大。因此，专业化生产的农户必然要联合起来，占据

---

① 张露，罗必良. 中国农业的高质量发展：本质规定与策略选择 [J]. 天津社会科学，2020 (5).

较高的市场份额，增强自己在市场交易中的谈判地位，减少市场的不确定性，规避或降低市场风险，共同抵御自然风险。

（三）整合农村资源，促进农村社区建设

中介组织的发展，促进了农户分散经营的小生产向社会大生产的转化，进一步完善了社会主义市场经济体制。中介组织的发展不仅提高了农民的组织化程度，也整合了农村各种资源，还强化了农民的合作意识和社会分工意识。中介组织作为一种农村社区组织，既是农村社区建设的重要载体，也能为农村社区建设提供物质基础。[①] 具有社区功能的大批中介组织如消费、保险、教育和医疗卫生合作社等的发展，极大地促进了农村人口的就地城镇化。随着中介组织的进一步发展，它能够更多更好地发挥其社会功能，有力地促进行政体制和土地制度的改革。中介组织还能在内部实现农村先富带动后富，走向共同富裕，并能积极促进社会主义制度优越性的实现。

（四）调整农村产业和人力资源结构，催生新生的中产阶层

市场经济具有利益最大化的原则，合作经济组织这个中介连接着市场和农户，最大限度地减少了农户生产、加工和交易的中间环节，节约了中间成本，保证了农副产品的保值增值，增加了农民收入，实现了合作经济组织的利润最大化。合作经济组织由于有政府的政策优惠，加上自身的不断投资发展，会以较快的速度发展起来。合作经济组织所带动的企业的发展，将会大力加速农村和城市人才的互补与整合，这会从根本上调整农村产业结构和人力资源结构。合作经济组织伴随着市场经济的壮大而不断发展，入社农户的资产也会随之增加，大量的农户通过产业整合和跨行业经营，在某种程度上催生了一些中产阶层，而中产阶层的增加将会逐步解决我国"三农"问题。

（五）推进农村民主管理的重要载体，完善农民利益表达的有效渠道

中介组织通过一定的法律法规，将分散经营的农民组织起来，使他们不再是以单个的自然人形式出现在市场经济舞台上。合作经济组织会帮助农户维护他们的权利，保证他们在市场经济中的基本权益。众所周知，分散经营的模式

[①] 王凯元，何晓波. 农村社区建设背景下农业合作组织存在的问题及解决愿景 [J]. 山东省农业管理干部学院学报，2011（1）.

使农户在瞬息万变的复杂市场环境下处于不利地位。实践经验表明，将农户有效组织起来是改变弱势、增强其市场地位和决策管理能力的重要方式。在现有环境下，组建合作社和行业协会是将众多分散农户组织起来进军市场、提高竞争力的有效组织形式。利用合作经济组织等平台来推行标准化生产、实施产品认证和品牌经营策略将更有效，这些平台是分散农户走向市场的重要平台，也是农户与市场间的对接载体。^① 合作组织能够对其他利益集团施加一定的经济和社会影响，强化对政府的监督，从而在政府的决策过程中行使与其社会经济地位相适应的话语权。这样，有了合作组织的发展和武装，中国农民不再缺乏组织资源，改变了过去弱势的社会地位。

（六）中介组织社会功能的发挥，促进了农村社会事业发展

中介组织的社会功能主要在于它的服务性、持久性、替代性和民主性。第一，服务性功能体现在中介组织本身是劳动者和弱势群体资源联合起来，互助互利，为满足他们的共同需求而建立的一种经济组织，是群众性的独立自治联合体，也是具有法人地位的生产经营企业，其整个服务面向农民，可以使农民获得产品加工、销售增值的全部或大部分利润，从而增加农业劳动者的收入。这是中介组织与投资者所有企业（龙头企业）的不同之处，中介组织是合作组织的使用者和服务者，投资者所有企业（龙头企业）所体现出来的是使用者和服务者分离，投资者所有企业与农民的根本利益不一致，在利益分配上的让步只是会返还一小部分利润给农户。第二，持久性功能体现在中介组织是来源于基层并扎根基层，发起的目的就是为加入组织的农民提供服务。中介组织对市场力量的回应方式相对比较稳定和持久，不会为追逐利润而随意改变投资方向或投资地点，这是因为中介组织在很大程度上使持续发展的企业能促进当地社会事业的发展，中介组织并不是为投资者创造利润。第三，替代性功能体现在中介组织是对市场机制的补充。中介组织的发展实践表明，宏观调控与市场机制不是万能的，随着市场经济的深入发展，中介组织变得越发重要。中介组织作为具有一定社会功能的特殊经济组织，有利于市场秩序的完善，是农户、政府或公司（企业）都需要的一种组织形式。农户面对市场时是弱者，

---

① 李志忠. 社会治理视角下精准扶贫困境突破的路径探究——基于安徽省 C 市的访谈调查 [J]. 重庆理工大学学报（社会科学），2020（1）.

中介组织可以将农户联合起来改变弱势群体的地位;公司可与中介组织建立长期、稳定的契约关系;中介组织可以协助政府增强农民的话语权,维护农民的权益,为乡村治理奠定良好的基础。第四,民主性功能体现在中介组织为成员提供参与民主的机会。中介组织是社员民主参与的组织,它鼓励公平和平等。中介组织还通过不断的教育和培训为人力资源的发展提供机遇。

第四章　农业产业化及其组织形式发展的国际借鉴

　　尽管国外没有专门的农业产业化这一提法，但是，在农业产业化发展进程上，我国与发达国家有着相似之处。与我国农业产业化经营相类似的在西方发达国家称为"农业产业一体化"或"农业一体化"（agricultural integration）。国外农业一体化经营的各个环节大多采用的是股份合作的方式，参加的各方以自己的生产要素入股，形成了"利益共享、风险共担"的利益联结体。① 当然，在发达国家农业一体化发展中，其组织形式也多种多样。正所谓"他山之石，可以攻玉"，吸收和借鉴发达国家农业产业一体化组织经营形式，对于完善我国农业产业化组织形式、探索农业农村现代化、推进乡村振兴具有重要意义。

第一节　国外农业产业化及其组织形式发展概况

　　西方国家农业一体化发展起步较早，虽然我国经济社会发展水平和农业发展阶段与西方国家有着不同之处，但是它们农业组织的发展给了我国极大的借鉴和启示，特别是法国、美国和日本。

---

　　① 胡小平，钟秋波. 新中国农业经营制度的变迁 [J]. 四川师范大学学报（社会科学版），2019（4）.

一、法国

（一）法国农工商综合体

农工商综合体，即工商业部门与农业有关部门用合同或经济控股的形式联合组成的整体。农工商综合体发展的基础在于专业化的提高，是随着专业化的提升，农业与工业及其他产业部门联系日益紧密起来的一种农业生产组织形式，也是农业技术提高的结果。它对法国农业经济甚至整个法国经济社会发展起到了极大的促进作用，这也就决定了它在法国经济社会发展中具有非常重要的地位。① 由此可以看出，法国农工商综合体发展非常迅速。

1. 互相控股型的农工商综合体。这是一种"内容丰富的联合体"，它是由农业、企业、工商业和金融部门联合起来形成资本交织的投资形式而组成的综合体，并且在行业和地区间进行交互发展。这个综合体会为了统一体中的各个主体的财产所有权组成一个主公司，并对这个主公司的各项权责进行明确，提升管理的绩效和实现资源的优化配置，促进生产规模的扩大，也提高了其经济效益。由国有矿化公司、农业合作总联盟和格尔底聂联合公司共同投资而组成的共同控股的综合联合体是这一形式的最好说明。其经营范围覆盖了农产品的产供销及生产资料的制造和科研服务等方面，这个联合体中除了有企业、公司和银行外，还拥有四百多个农业合作社。② 这个联合体按照股份划分为两大集团。第一集团是以农业合作总联盟为主开办的公司，包括四十多家农业合作社，还有欧洲最大的谷物收购储备公司和法国谷物出口同盟。第二集团是庞大的工商集团，它们是以国有矿化公司和格尔底聂为主组成的。尽管这个综合体成员很多，但是其内在的决策方式相对比较民主，值得我们借鉴和学习。这个大型综合体内部的代表由合作社 3 名、工业 2 名、商业 1 名和会议监票员 1 名组成，其决策都是经过充分协商和谈判达成，以真正保证各方利益。

2. 以合同关系组成的农工商综合体。在发达国家，以合同关系的形式组

---

① 蔡方柏. 法国农业跨越式发展对我国农业发展的启示 [J]. 华中农业大学学报（社会科学版），2010（1）.

② 陈继红，杨淑波. 国外农业产业化经营模式与经验借鉴 [J]. 哈尔滨商业大学学报（社会科学版），2010（4）.

成的农工商综合体是一种非常普遍的形式。这种形式是为了较好地联结工商业公司与农场主，更好地保证双方的利益，更好地维护双方的权益，并以合同的形式来规范工商业公司和农场主双方的权利和义务，把产供销各个环节统一起来。这样，农业生产者不再是单打独斗，而是较好地与城市工商业资本联合起来，实现了农产品生产、加工和销售的统一与联合。① 合同的签订，一方面加速了资本周转，减少了农场主农产品销售的中间环节；另一方面使农业和工商业的联系越来越紧密，农业生产更加社会化和专业化。综合体合同形成的基础在于相关部门加强经济与经营管理的联系以及资本积累和集中，同时也是政府干预的结果，还有科技进步的原因。

3. 农业公司式的农工商综合体。农业公司式的农工商综合体实际上就是农业生产企业，这个企业一般是由国有工商企业、私营工商企业、金融资本或大型专业化公司直接开办的工厂。这种农业公司从事大规模的农业生产，本身会拥有或租用土地，自己解决产品的加工、销售和运输等问题，形成一个完整的体系，这实现了农业生产与生产资料供应的联合。②

4. 合作社。法国农民合作社形成较早，自20世纪60年代起，《农业指导法》《合作社调整法》《农业合作社条例》先后颁布。③ 法国农业经营主体与美国和日本不一样，美国是大型农场主，日本是小农户经营，法国介于美国与日本之间，是中等规模的家庭农场。20世纪80年代后，法国农业合作社逐渐发展成熟，形成了完整产供销一体化经营模式，主要是农业合作社强化了在生产资料提供、农产品加工服务、销售服务、乡村公共服务上的能力。对于法国农业合作社的发展壮大，法国政府的行政主导不可小觑，它作为政府和农民之间的沟通桥梁和中介，在两者中起着平衡的调节作用，形成了"强政府协调推动型"的特点。法国主要通过农业合作社实现各环节的横向合作。在农产品生产、加工和销售的这一循环过程中，农户与企业联合起来，达到生产经营的专业化，通过集中的资本优势去获得高效的经济收益。法国农业合作社是具备法人资格的一种特殊的企业形式，它不同于民事或贸易公司。社员组织起来

---

① 高升，洪艳. 国外农业产业集群发展的特点与启示——以荷兰、法国和美国为例 [J]. 湖南农业大学学报（社会科学版），2010（2）.

② 张新光. 农业资本主义演进的法国式道路 [J]. 河北学刊，2009（2）.

③ 黄福江，高志刚. 法国农业合作组织的发展及其对中国的启示 [J]. 世界农业，2016（3）.

的原则是自愿、独立和互利，这样有利于农户共同使用生产手段和发展农业经营。合作社在法国发挥着重要的经济职能，是法国农业经济的重要组成部分。法国农业合作化水平在欧洲一些国家中非常高。按照功能地位分类，法国的农业合作社包括购销合作社、服务合作社和信贷合作社等。购销合作社主要负责农产品的储存、运输和销售，并将收购来的农产品进行加工，还以集体采购的方式向合作社成员供应生活物资和生产物资。也就是说，这种合作社主要是从事销售和为成员提供生产资料及生活资料。服务合作社是向社员提供以技术服务为主的特别服务，农业发展过程中存在一些技术性的问题，如土壤钙含量、实验分析和农业生产咨询等受农户素质限制，这些问题只能依靠合作社来解决。信贷合作社分三级管理，其根据层级不同也有着不同的职能和业务侧重点，具体如图 4.1 所示。①

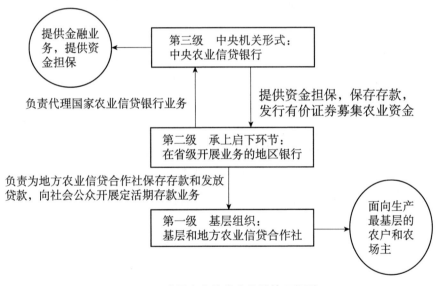

图4.1　法国农业信贷合作社管理级别

　　发展成熟起来之后的法国农业合作社逐渐向更高级的合作社联盟——地区联盟、专业联盟和全国联盟方向发展。强大的联盟能够更好地保证农民的利益，也能够更好地发挥出技术交流、信息沟通、控制市场的作用，进而提升其竞争力，提升其把握市场信息的能力。发展起来的各种类型的合作社和大型联

---

① 文娟. 法国农业信贷银行法人治理结构探讨及启示［J］. 改革与战略，2009（12）.

盟，使农业和工商业之间统一起来，推进了农工商一体化的发展，极大地提升了农业现代化的水平。

（二）法国农业组织的发展特点及其经验

法国农业合作组织在发展过程中基本遵循了自愿、平等、民主的原则，允许农民根据自己的实际选择和发展合作组织。在这个过程中，政府虽然没有直接出现，但是，在引导、支持和监督方面，政府也发挥了不可替代的作用。

1. 完善法律法规引导农业合作组织的发展。农业合作组织的发展，离不开政府的引导、支持和监督，法国政府对农业合作组织发展的支持主要是积极制定法规。[①] 法国农业互助信贷合作社的合法地位在 1894 年就获得政府立法通过。在 20 世纪 40 年代农业合作组织立法还不完善的时候，农业信贷的法律就成了执行农业合作组织的法律。直到 1943 年，法国政府通过了专门的农业合作社的有关法律，随后几年制定了合作社总章程。后来法国政府颁布的《农业指导法》《农业共同经营组合法》等一系列法律[②]，明确了农业合作社的基本服务内容，包括给予优惠的税收政策、低息贷款政策、政府补贴以及建立农村信贷机构等。法国政府通过成立理事会与农业协会、设立农技推广基金，解决农民在农产品研发和咨询方面的融资问题。[③] 法国政府对农民合作社进行了较强的行政干预，通过法律援助和财政支持对农民合作社加强监督管理，使农业合作社演变成为传递政府意愿与决策的有效载体，明确了农业合作是实现农业现代化的重要途径。为了将合作社与农村的工商活动联系在一起，《合作社调整法》提出要把农业合作社置于农业综合体中。法国政府后来还颁布了相关法律允许合作社与非合作社进行业务往来，使合作社的原则更加灵活，这些法律维持与深化了法国农业合作组织的新发展。

2. 通过财政、税收和保险政策支持农业合作组织的发展。在财政、税收和保险等方面对农业合作组织采取优惠与支持政策是法国政府对农业合作组织发展支持的主要手段。在财政政策方面，农业合作组织发展初期，法国政府对

---

①　范丽珍．法国农民组织研究探微［D］．武汉：华中师范大学，2009.

②　中国农村财经研究会课题组，申学锋．财政支持农业生产全程社会化服务的制度创新研究［J］．当代农村财经，2017（2）.

③　李敏．美日法三国现代农业科技政策探析及经验借鉴［J］．改革与战略，2017（8）.

其生产投资予以国家补助、国家津贴，为进一步解决其资金困难的问题，农业信贷银行还准予其获得低息贷款。在税收政策方面，法国政府实行免税或是纳税优惠。法国政府对积极接受政府的引导、发展和监督，实行"一人一票"的民主制度和公平分红原则，积极与合作组织成员发生业务往来，为社员服务的合作社实行免税政策。如果农业合作组织不与其成员进行业务交往，而业务交往的对象是其他非合作组织会员的话，往来的部分则按法国企业通行的标准——33%的税率纳税，其余部分实行免税。① 法国政府鼓励农业合作保险组织及农村互助保险的发展。法国政府制定的《农业保险法》确定了农业保险种类、责任范围、保险费率、理赔计算方法等。② 法国政府建立了民间农业保险合作基金组织，这个组织具备保险买卖和融资的功能，农民还能通过组织获得补贴和福利，政府承担大部分保费，最大限度地保障农民的利益。

3. 通过教育、监督和管理保证农业合作组织的健康发展。农业合作组织既需要各种支持，也需要良好的监督和管理。法国政府重视农民教育，根据农民的不同需求匹配相应的教育课程，设立农民技术培训中心和短期专业技术教育班，而农民需取得农业职业培训证书才能加入农业经营。法国各级农业部门中都有对农业合作组织进行监督的专门机构，它们的职责主要是检查和督促相应的规章制度在农业合作组织中的贯彻与实施情况，如是否认真贯彻环境保护和财务制度运行、是否符合财务规定等。法国的农业合作社受农业部长监督，建立和撤销合作组织都须报农业部门批准。为便于农业部根据有关的法律条文评价农业合作组织的运行绩效，每个农业合作组织的财务收支和会议纪要都要报备农业部。③ 国家政权力量的积极干预与政策扶持是法国政府保证农业合作组织健康运行的关键，引导了农业合作组织向规范化和制度化方向深入发展，大大减少了农业合作组织发展的不确定性。

4. 农业信息化建设。法国是世界第一大食品制成品出口国和第二大农业食品出口国，法国政府一直高度重视农业信息化建设。法国农业信息化发展中多元信息服务主体共存，这是其发展的重要特点，法国农业部、大区农业部门

---

① 张珂垒，蒋和平. 法国构建发展现代农业的政策体系及启示 [J]. 世界农业，2008 (12).
② 陈珏. 法国、印度、日本农业保险体系探析及启示 [J]. 世界农业，2016 (7).
③ 方凯，刘洁. 农业合作社发展的国际经验及对我国的启示 [J]. 广东农业科学，2009 (8).

和省农业部门主要负责向社会发布政策信息与市场动态，并免费向农民提供基于公共交换网通信的远程信息设备，在让农民熟悉计算机操作的基础上通过信息化进一步了解政策和掌握信息。目前，法国采取计算机全程实时监控农产品的生产、收获、加工和储藏等各个环节，使用信息技术对土壤环境和气候进行数据动态分析，以找到土壤适合耕种的农业品种，并逐步调节和改善环境；同时，利用信息和通信技术对病虫害灾情进行预报，利用信息化系统进行自动化施肥、施药和灌溉等田间管理。基础设施建设是信息化建设的重要环节，离开基础设施建设一切都是空谈。法国农业信息化建设进程中基础设施建设主要依靠网络信息和产品制造商，它们发挥了重要作用。制造商基于投资的形式改善农村信息技术设施，以优惠的价格和周到的服务鼓励农民购买信息产品和网络设备。开发商进入农村市场，开发一系列应用软件和便携式产品，这已经成为推动法国农业信息化的主要动力。

二、美国

美国农业经营以私有大农场为代表，将科学技术元素渗透到传统农业的各个环节中，生产经营具有高度现代化、规模化、区域化和专业化的特点[①]，农业合作社体制呈现出"区域性大农业经营"的特点。

（一）农工商一体化经营的三种主要形式

农工商一体化是指农业生产单位同农业产前、产中、产后相关企业连成一个经营体系的过程。美国农工商一体化主要经营形式如图 4.2 所示。

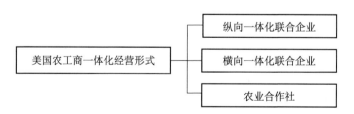

图 4.2　美国农工商一体化经营的三种主要模式

---

① 姜长云，张立冬. 美国公司农场的发展及启示 [J]. 世界农业，2014 (4).

1. 纵向一体化（垂直一体化）的经营形式。这种经营形式的主导是企业，其农产品的生产、加工、运输和销售都是由这个企业来进行管理以及全面协调。① 只有一些大型托拉斯集团或跨国公司直接投资成立的规模较大、资金力量雄厚、科技研发能力较强的工厂式农业企业才能成为这一主导企业。这种形式的优势在于，由企业所主导，企业享有其所有权，明显的优势在于能够减少市场的交易成本；不好的地方也在于这种所有权极易造成垄断，甚至导致风险机制不健全，公平的市场竞争机制也无法形成。

2. 横向一体化的经营形式。合同制联合企业是美国最主要的农工商一体化经营形式。这是通过合同的形式把大公司与农场联合起来，并在合同中明确双方的权利和义务，完成农产品的生产、加工和销售各环节，实现独立经营、共担市场风险。② 目前，这种形式主要分布在畜产品和果蔬产品等生产部门。在农业产业一体化经营总产值中，这种经营形式占到了75%左右，其适用于专业化和集约化程度高、产销关系稳定和合同履行周期长的行业。该形式的缺点是不利于企业综合竞争能力的提升，因为供求关系相对较为稳定，也会导致一些企业缺乏技术创新的动力。

3. 农业合作社（农场主合作社）。美国作为世界农业强国，构建起的以农业合作社为依托、以家庭农场为基本生产单位的现代农业经营体系，有效支撑起美国农业的规模化、集约化生产。③ 在美国的一体化服务体系中，各种农场主合作社占有重要地位。农业合作社从其产生的本义讲，就是农场主和同农业有关的生产者为满足自己生产中的不同需要而自愿组织起来的互助组织。但为了降低服务费用，农场主组织合作社雇用专门人才来为它的社员提供服务。因此，美国的农业合作社都是服务型合作社，美国农业合作社提供的服务多种多样，归纳起来有信贷服务、供销服务、加工服务和科技服务四种形式。从合作社的组织形式来讲，有独立的地方合作社和以各种形式联合起来的联社（如地区和全国的合作社联社）；从合作社规模来讲，供销合作社以及综合性服务合作社往往是大规模经营的。

---

① 马春光. 美国订单农业的发展对中国的启示 [J]. 农业经济，2011 (4).
② 吕军书. 美国农业产业化发展及对河南省的启示 [J]. 云南行政学院学报，2009 (4).
③ 程波，吴建国. 美国农业合作社发展的结构、特征及对中国的启示 [J]. 世界农业，2016 (8).

（二）美国农业组织的发展特点及其经验

1. 美国农业组织是自下而上发展的，遵循了农民自愿、独立和经费自理等原则。美国各级政府虽然没有设立对农业组织专门监督的部门，但是他们会积极通过立法实现对行业协会的监管，负责市场环境建设和产业政策导向是政府的主要功能体现。在缺乏政府支持的情况下，靠着农民自己，农业组织走出了一条很好的道路。农业组织之所以在没有政府的支持下发展得这么好，主要是因为有一个或几个能力强和素质高的领导人起着主导作用。在美国，农业组织的负责人都是由能力较强、事业心较强和有奉献精神的农民来担任的。正如科罗拉多州玉米管理委员会原执行主任斯密德莱所说，任何组织在发展过程中，都不可避免地会遇到这样那样"成长的烦恼"。玉米协会之所以能克服重重难关，就是因为总有一位好舵手。每任会长对协会工作都是呕心沥血，并发挥着他们的聪明才智。在美国，农业组织发展的历史就是农业组织负责人奉献的历史。

2. 美国的合作社以集中化和多样化的服务为重点，合作社按照服务内容大致可分为地方性合作社与区域性合作社，主要包括销售合作社、供应合作社和服务合作社三种。美国的农业合作社属于民营的独立社会组织，政府在其中的作用更多的是服务和教育培养等。政府提供延期纳税或者税收减免是合作社的主要资金来源之一，还有银行提供信贷（一般低于商业性贷款利率）优惠。农民合作社可采取股份制经营方式，社员按股份分红，年终盈余按照一定比例返还社员。合作社的主要职能是提供与销售农产品产前、产中和产后生产资料；提供农场主的农业投入品；以服务协调代替直接经营的方式，在合作社员之间建立平等的共处方式。这样来看，合作社与农场主之间的合作相对松散。美国还有行业协会，一些从事与该协会主要活动内容有关的生产农场（主）和加工、贸易或相关服务的企业或业主，都可以成为其会员。行业协会的产业分界没有那么明显，只要与该协会的主要活动内容有关就行。由于生产的活动可以涉及不同的行业，这也使得一个农场主或企业主可以成为不同协会的会员。由于一些企业或农场主横跨单个或多个协会，在美国也就没有专门的农业行业协会的有关数据资料。

3. 美国农业组织机制完善。美国农业立法始于美国独立初期，已逐步形成完善的农业立法体系。从表面观之，美国农业组织不仅数量很多，组织结构因没有政府的约束而显得相对松散，似乎无章可循，规范性较差。但美国农业组织在真正的发展过程中是有分工、有合作且相互促进的。美国农业社会化服务体系主要由三部分组成，即公共农业服务系统、集体农业服务系统和私人农业服务系统。其中，真正的主角是合作社和私营涉农工商企业，而政府在农业社会化服务体系中的主要任务是办好农业教育、科研和推广事业，提供农业信贷保险以及发布各种经济预测和市场信息，起到协调、监督的作用。^① 农产品从播种到最终的入库完全利用现代化技术，依靠了先天的资源优势；同时，政府加大对仓储设施、电力供应、交通运输等基础设施的投入力度，实现农业行业间分工与私营农场主之间的联合与重组，并根据不同区域在土壤、地形地势、气候等自然条件的差异，结合农作物自身生长规律，因地制宜地形成了高度区域化的农业生产经营方式，进一步为生产专业化创造了条件。^② 供应合作社主要是为农民和农场提供生产物资等，服务合作社主要是提供运输、设备和技术等；销售合作社主要是为成员开拓市场；而行业协会主要是通过游说和演讲，影响政府的决策，获得政府的扶持和支持，加强行业协会内部的成员发展与一些地区甚至是一些国家的农产品贸易。^③ 这些组织与组织之间没有上下层级之分，关系基本是平等的，看似是各顾各的，各搞各的，其实分工相当明确，有供应生产资料的，有提供技术并指导加工的，有负责销售的等，这使生产、加工和销售井然有序地进行，不仅极大地提升了农业的竞争力，也带动了整个产业的发展。

4. 信息化建设支撑农业产业化发展。美国通过法制建设为信息化建设保驾护航，发达的数据库和信息化网络为农业信息化打下坚实基础。为了防止信息壁垒的出现，随着信息技术的深入发展，美国实现了数据资源共享，加强了农业领域技术开发，持续推进农业信息化建设，同时以信息技术为依托及时传递市场需求信息，把农场主与市场紧密地联系在一起，使农业产业产前、产中和产后环环相扣。农业产业市场也随着电子商务发展而拓宽，美国不仅拥有世

---

① 中国农村财经研究会课题组，申学锋. 财政支持农业生产全程社会化服务的制度创新研究 [J]. 当代农村财经，2017（2）.

② 徐玲. 美国和日本农业规模化经营管理对我国借鉴与启示 [J]. 农业经济，2017（4）.

③ 栗进朝，郜俊红. 行业协会在美国农业中的作用及启示 [J]. 农业科技通讯，2010（5）.

界上最大的农业计算机网络系统，而且运用这些计算机网络系统的农产品交易大型平台和农业网站等有几百个，绝大多数也已实现了农业数据库的共享。在电子商务的发展进程中，美国重点发展农村地区信息基础设施建设以及互联网技术的应用传播，使农业电子商务获得了快速发展。①

三、日本

日本与欧美农业规模化经营的基础不同，受制于地理条件，日本推进农业规模化的动力不足，只能依靠提高土地的单产效率来提升现代化农业的经济效益，农业合作组织呈现出"高效率小农户经营"的特点。日本农业合作组织带有比较明显的行政隶属关系，主要由基层农协、县级联合会与全国联合会三部分组成。基层农业协会的会员为农民，县级联合会由基层农业协会组成，全国联合会则是由县级联合会构成，每一级各自承担职能，自上而下逐层传达购销任务。

（一）农协

在日本，农业一体化经营所必需的各种社会化服务，几乎全部是由各级各类农协组织来承担的。一般来说，农户离开农协的社会化服务，就像离开了土壤、阳光、空气和水一样，日常的农业经营活动就难以顺利进行。而农协对农户的农业社会化服务也达到了近乎无处不在、无时不有、无微不至的程度。

1. 组织机构。从现行体系和结构看，日本农协基本与政府相同，也由三级构成。市、町、村一级的为农协的基层组织，称作基层农协或单位农协。都、道、府、县一级设有各种农协联合会，包括各都道府的"农业协同组合中央会"（简称"农协中央会"）、"信用农业协同组合联合会"（简称"信用联"）、"经济农业协同组合联合会"（简称"经济联"）、"保险农业协同组合联合会"（简称"保险联"）以及"贩卖联""购买联""运输联""厚生联（福利卫生）""养蚕联"等。中央一级设有由各都道府县农协联合会组成的各类全国性农协组织机构，简称为"全国联"。其中最主要的是由各地"农协中

---

① 吴鸭珠. 发达国家农产品电子商务发展模式及启示［J］. 价值工程，2018（10）.

央会"组成的"全国农业协同组合中央会"(简称"全国农协中央会")。此外,还有各地对应"联合会"组成的全国性农协联合会。上述三级农协组织,彼此有清楚的对应关系,农协系统的各项事务均可通过各对应机构上承下达,统一行动,但上一级机构只是在自愿条件下由下一级机构联合而成,并不存在直接的隶属关系,更不是行政上的上下级组织,在经济和经营范围上也是彼此独立的。① 各级农协组织分工明确,具体组织结构如图4.3所示。

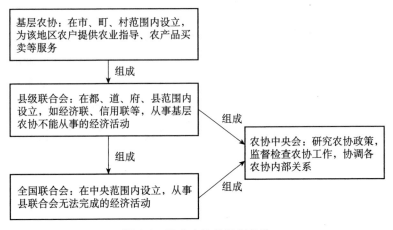

图 4.3 日本农协的组织结构

2. 管理机构。农协的管理机构有三个,即总代会(社员代表大会)、理事会和监事会。总代会是农协的决策机构,按照"农业协同组合法"的规定,凡不足500名正组合员的农协,召开全体会员大会;超过500名的,召开总代会,总代会代表由每5名组合员中选派一员构成。总代会主要是商议和决议农协"定款"、对犯错误组合员的处理、贷款和储蓄利率、农产品贩卖、生产资料供应、手续费标准、批准基建项目、加入或退出县和中央联合会,以及选举或改造理事会和监事会等。总代会一般一个事业年度召开一次。理事会是总代会的管理机构,监事会是检查监督理事会工作的监督机构。其成员由总代会选举产生,每个农协法定理事有5名以上,监事有3名以上,但可以灵活掌握,视具体情况增减理事和监事,必须由不经营与农协相同事业的正组合员担任,

---

① 袁方成,蔡杨. 合作与共赢:20世纪日本农协发展的观察与启示 [J]. 江南会计学院报, 2009 (2).

他们的分工为：1名担任组合长，1名任专务，二者脱产主持农协工作，其他理事、监事均不脱产。另外，农协的组合员既是农协的主人和服务对象，也有管理农协的权利和义务。

（二）日本农协的特点及改革趋势

1. 提供农业生产资料和农用设施。日本农业合作组织的职能主要包括生产生活资料采购、销售农产品、对农户进行生产性指导。① 现代日本农业是以高度机械化、化学化、水利化、良种化为突出特点的，只有在农机农具、农药化肥等农业生产资料供应有可靠保证以及育种育秧、灌溉排水等农用设施及时利用的条件下，一般农户的农业经营和整个农业再生产过程才能顺利进行。鉴于此，各级农协组织既能及时提供必要的农业生产资料和农用设施，又能保证物美价廉。农协为农户提供的农业生产资料方面的社会化服务活动，主要是由其购买系统来承担的。该系统同样由三级组成：市町村一级的是基层综合农协的综合部，都道府县一级的是"经济联"，中央一级的是"全农"。农协购买系统向农户提供农业生产资料，一般采取预约订购送货到户的方式。农协购买系统购入农业生产资料的价格是通过与生产厂商谈判协商决定的。该系统在农业生产资料市场上的买方占有率极高，故在谈判中也居于有利地位，农协购买系统出售给农户的农业生产资料价格一般比从系统以外商店购买的便宜得多。农协在为农户购买农业生产资料时，极为重视保证质量，为此还设立了专门的质量检验机构。由于农协购买系统提供的农业生产资料价格便宜，质量可靠，一般农户很乐意从这一系统购买。目前，在农业生产资料的购买方面，农户对农协的利用率（即从农协系统购买部分占其总购买量的比率）极高。②

2. 代办农产品加工、仓储和运销。现代日本农产品的加工程度和商品化程度极高。农协在农产品加工、仓储和运销方面的社会化服务活动，主要是由其贩卖系统来承担的。该系统与上述购买系统极为接近，都由三级组成，在都道府县和中央的也同样分别由"经济联"和"全农"承担，只有在市町村一级另有基层综合农协的贩卖部来承担。目前，日本农户生产的绝大部分农产品的加工、仓储和运销工作均由该系统来代办。同样，农产品生产量的扩大和对

① 赵冉，苏群. 美国、日本农业合作社发展特点及启示［J］. 世界农业，2016（5）.
② 华天云. 日本农协的发展经验及其对我国的启示［J］. 学习与实践，2008（10）.

农协利用率的提高，直接促进了农协销售事业的迅速发展。日本农协对农产品的贩卖，采取四种形式：第一，无条件委托贩卖，农户不附加任何条件，以市场成交情况而定；第二，委托农协出售，有条件委托贩卖，要求农协按农户规定的等级、价格、出售时间、手续费出售；第三，特约委托贩卖，农协只为农户介绍收购对象，成交由买卖双方决定，但资金通过农协结算；第四，农协提取手续费委托代办，大米、小麦、大豆由政府统一管理，由农协代购，政府给农协手续费和保管费。

3. 筹集农业资金，办理农业保险。日本农户为保证其现代化农业经营活动的顺利进行，每年必须投入大量的农业资金用来购买、租佃农地，购买农业生产资料，兴建农用设施。农协承担起了为农户筹集农业资金、发放农业贷款的任务，并把这些任务作为其农业服务活动的重要内容。日本农户筹集农业资金的业务，主要是由其信用系统来从事的。市町村一级的为基层综合农协的信用部，都道府县一级的为"信用联"，中央一级的为"农林中金"。各级农协信用组织均有自己的职责范围。农协信贷系统筹集资金的途径主要有三：一是吸收农户的储蓄存款。二是通过"农林中金"发行"农林债券"，从其他金融机构贷款等途径吸收资金。三是政府的财政补贴。日本农协信用系统对农户的农业贷款增长极为迅速，这在很大程度上直接满足了农户为增加农业投入、发展农业生产、加速农业现代化进程对大量资金的需求，该系统越来越成为农业资金和农业贷款的最主要来源。农业部门因容易受自然条件影响，其经营风险也比其他生产部门大。每遇自然灾害，农作物则会减产，农户的收益也会不同程度地遭受损失，轻则收益率下降，重则亏本甚至破产。为避免或减轻这一损失，增强单个农户的抗灾能力，各级农协都建立了农业保险业务，农业保险发挥的扶贫功能是非常有限的，主要是用于提高市场效率和弥补市场失灵①，通常被称为"共济"业务。市町村一级承担此项业务的是综合农协的保险部或共济部，都道府县一级承担此业务的为"保险联"或"共济联"，中央一级承担此业务的为"全国保险联"或"全国共济联"。②

---

① 郑军，章明芳. 农业保险的马克思反贫困理论三重维度解读——中国和日本的比较及启示[J]. 山西农业大学学报（社会科学版），2018（12）.
② 孙炜琳，王瑞波，薛桂霞. 日本发展政策性农业保险的做法及对我国的借鉴[J]. 农业经济问题，2007（11）.

4. 从事营农指导，发展农业教育。随着农业现代化、商品化的不断发展，对经营者管理和技术水平的要求日趋提高，为适应这一要求，各级农协组织越来越把对农户的农业经营与科技指导作为其农业社会化服务活动的重要内容，并在各级农协组织中形成了一个完善的"营农指导事业"系统，营农指导员是农协的正式职员，一般都是具有中等或高等学历的专门技术人才，其工资也从所在农协统一领取。发展农业教育也是各级农协组织的一项重要事业。农协的农业教育基本是以"农协教育"为中心来展开的。它包括四个方面的重要内容：一是组合员教育，提高组合员意识，培养从事未来农协活动的组合员；二是农协干部教育，目的是提高农协干部的素质和经营管理能力；三是职员教育，为此农协系统编有专门教材，对各类职员的学习成绩进行全员考核，以作为晋级、提薪的重要参考；四是组合员子弟教育，目的在于提高农协组合子弟的农业、农协经营能力，还有对农协接班人意识的培养。①

5. 推进农业信息化系统建设。日本人多地，再加上其特殊的地理形态，农业流通领域的信息化建设显得尤为重要。日本建立了农业技术信息服务全国联机网络，而最重要的网络体系是流通领域的，每个县都设有分中心，这样可以保证信息快捷有效的交换。日本农业信息服务系统主要是日本农产品中心批发市场主导的农产品市场销售服务信息系统和日本农协主导的全国1 800个综合农业组合关于各种农产品产量及价格行情走势预测信息系统，前者实现了日本国内85个中央批发市场、覆盖全国的560个地区批发市场和各个海关每天进口的各类农产品信息的即时共享。近些年来，日本注重乡镇级以及地方综合农协信息通信设施建设。以市场销售信息服务系统和"日本农协"系统提供的准确的市场信息为基础，农户可以很快了解国际国内市场农产品产量和价格动态变化，也可以根据这些掌握的信息调节自身的农业种植与生产。日本在面对农业在流通领域的巨大压力时，为了促进流通信息化的发展，还开发了农产品网上销售系统并积极完善了其农产品物流体系。日本重视农业科技信息系统建设。日本是科技非常发达的国家，十分注重科技转化与运用，在农业科技中也是如此。从20世纪末开始，日本政府陆续实施了家庭农业管理、农业经营专家支持、农业生产科技指导等多个科技信息系统建设，实现了与全国农业科研机

---

① 周玉国，施江滨. 日本农业教育现代化进程的探究与思考 [J]. 农业教育研究，2008 (2).

构、地方农业推广部门和农业改良部门之间的全部信息共享。农民所种植的主要农作物的栽培、种植、育种等技术均可以通过手机、电脑进行查询，便于农民及时了解最新农业科技的发展。与此同时，日本政府在信息化网络构建中，注重农民的信息技术培训，尤其注重偏远山区农民的培训工作。

随着日本农村工业化、城市化和农户企业化的发展，日本农协又开始呈现出明显的"脱农化"趋向。一些经营效益较高的农协组织已不再把经营收益返还给其成员，而是把最主要的收益留在组织内部，用作资本及其再生产，谋取更多的经营利润购买股票、联合投资，以取得红利和利润等。在经营环境趋于恶化、内外竞争愈加激化的条件下，各级农协组织为在新形势下求得生存和发展，不得不采取有效措施来扩大规模，增强其生存和竞争能力，从而又进一步加强了其大型化和综合化趋向。

第二节　国外农业产业化组织形式发展的比较分析

美国、法国和日本三国农业组织在促进经济社会发展方面的成效有目共睹。这三个国家在农业组织发展过程中虽然有一些相同的特点，但是它们所处的经济、社会和文化背景不一样，它们的农户规模、农业体系、政府的扶持政策等不一样，注定了在发展过程中，其农业组织的发展特征、发展路径、组织体系、组织形式和功能方面也会不一样。

一、农业组织发展特征的比较

1. 农户参与度高。美国、法国和日本农业产业组织发达，农户参与组织的积极性非常高。这既反映了农业组织对农户的吸引力，也反映了这三个国家之所以农业这么发达，其农户积极的组织化参与功不可没。

2. 合作社不断扩大服务。这三个国家都是合作社（农协）居于主要地位，在农业发展过程中，合作社的功能在不断增强，比如延长其产业链。为了合理整合资源、扩大农业的国际竞争力、提高农民的收入，现存合作社的规模越来越大。①

3. 保持农业经营的基本单位不变。虽然这三个国家的农业发展组织形式不尽相同，但是它们却有着共同的特点，就是在农业组织发展的进程中始终没有改变家庭农场的经营单位。

4. 离不开政府的支持。农业本身就是弱势产业，日本的农协也正是有了政府的扶持，才有这么大的规模。日本的农协在创建之初就得到了政府的大力扶持，且一直处于政府的保护和援助之下，并对政府形成很大的依赖性。美国政府对农业组织的支持主要体现在市场环境建设和产业政策导向上。法国农业组织在发展过程中，有政府的各项激励措施，如财政税收政策、技术支持政策等。

二、农业组织发展路径的比较

在农业组织发展的初期，这三个国家基本遵循了自愿和独立的原则。在后来的农业组织发展过程中，美国是以民间为主，可以总结为一种"自下而上"式；法国是政府和民间共同发展，可以总结为"上下互动"式；日本的农协是在政府的主导和大力推进下，有了后来的大规模的发展，这可以总结为"自上而下"式。这三个国家在农业组织初期和发展过程中选择了不同的方式，当然离不开这些国家所处的环境和体制的影响。美国实行自由市场经济，政府主要提供良好的市场运行环境和产业引导，美国选择这样的路径是一种必然。日本从战时的经济中脱身，转入市场经济轨道。日本试图建立一种政府与社会、企业和农民互动的组织形式。② 在发展初期，日本农业组织数量和规模都较小，因而必须借助政府的引导和扶持。但是，在具体发展过程中，日本农协也谨遵民主自治的原则。纵观这三个国家组织形式的选择路径，这些组织最终都朝着自我管理、自我协调和自我发展勇敢迈进。但是，任何一种组织路径或多或少存在一些问题和弊端，如农业组织生存和效率的问题是美国农业组织面临的最大问题，农业组织应相对独立，不应该成为政府的附庸，这是日本农

---

① 陈立双. 农业合作经济组织模式的国际比较及我国的选择——以美国、日本、法国为例 [J]. 福建农林大学学报（哲学社会科学版），2011（2）.

② 吴金园. 战后日本工业经济的宏观调控及其借鉴 [J]. 阜阳师范学院学报（社会科学版），2009（2）.

业组织形式面临的最大问题。只要处理了这些问题，一个更有竞争力的组织才会真正出现。

三、农业组织形式功能的比较

由上述可知，日本的农业组织形式主要是农协，相对比较单一，美国和法国的组织形式相对较多，有合作社、行业协会、农工商综合体和横纵向联合企业等。从表面上看，不同的发展路径导致了组织形式发展的不同。从本质上看，一个国家的体制和法律是农业组织形式的选择与发展的依据，不仅要看政府支持与否，还要看支持的力度大小。基于此，农业组织的发展和变迁不仅仅是组织效率的问题，还是一个政府扶持的问题。相对来说，组织形式单一的国家，其组织功能就很强大，日本农协就是一个很好的例子，它指导和控制着农业生产、加工和销售的全过程，还有农村金融和农村保险的职能，它的职能涵盖了美国或法国农工商综合体、横纵向联合企业和行业协会的所有功能。反之，组织形式较多的国家，其组织功能就较小。例如，美国和法国的合作社各自分工明确，其功能相对日本农协来讲，较为狭小。[①] 当然，我们在看这三个国家的农业组织形式时，不能将美国和法国的合作社或行业协会与日本的农协画等号，因为日本农协是一个功能宽泛的特殊的农业组织。

四、农业组织发展体系的比较

从农业组织的发展来看，不管采取何种路径与形式，一般都会有自己的独立体系，通常都设有全国性组织、地方组织和基层组织等层级。美国和法国的农业组织行政界线不明显，甚至没有，日本则不一样，其组织分层密切对应着行政设置，而且不同层次组织的功能也相对有所侧重，从而形成了一个完整的分工协作的有效机制。[②] 美国的农产品行业也有着严格的组织体系，如全国性组

---

① 范丽霞. 国际比较视角下的农业产业化经营思考 [J]. 技术经济与管理研究，2011 (11).
② 常青. 构建山西农业产业化合作组织体系的启示——借鉴日本农协的经验 [J]. 山西财经大学学报（高等教育版），2007 (3).

织、地方性协会和基层行业协会，只是不同层级的组织有着不同的功能。全国性的组织功能是代表组织起到沟通与协调的作用，与政府的沟通主要是希望获得政府的支持与扶持，与国外一些组织和企业的沟通，一方面是打响自己的知名度，另一方面是拓宽与国外组织和企业的联系；地方性协会的主要功能是在行业内进行协调、宣传及解释国家和地方的有关政策，组织专业培训和一些行业标准的制定，并积极推出本协会产品的统一商标；基层行业协会的功能主要是为行业内部的成员提供技术支持、准确的市场信息和营销服务等。日本农协则是金字塔结构式的农业组织体系。[①]

第三节　国外农业产业化组织形式发展的基本经验

农业组织对于各个国家经济发展的促进作用不言而喻。通过对发达国家农业组织形式的深入研究和比较分析，各个国家在农业组织的目标实现上所采取的组织形式是不同的，这是各个国家根据本国经济社会发展和农业产业化的内在逻辑演化的结果。发达国家的农业产业化经验可以为我国提供参考。发展农业产业化组织形式主要是把握差异化趋势，强化农业产业化组织辐射力；完善市场化机制，提升农业产业化组织运行力；深化农产品加工，加强农业产业化组织竞争力；夯实政府扶持力，增强农业产业化组织生存力；深化合作社发展，培育农业产业化组织创新力；推动信息化发展，提升农业产业化组织影响力；推动法治化兴农，筑牢农业产业化组织控制力。

一、把握差异化趋势，强化农业产业化组织辐射力

现代农业发展在不同的空间、时间以及产业间表现出不一样的内涵，这决定了农业经营体系将呈现差异化的发展趋势，同时也表明构建新型农业经营体

---

① 池泽新，周晓兰. 建立中国特色农业中介组织体系——国际经验、构建原则及总体设计 [J]. 农业经济问题，2007（2）.

系需要遵循现代农业发展的制度逻辑。① 由于国情不同、资源禀赋不同、市场发育程度不同，各个国家的农业组织发展路径和组织形式也不尽相同，各种组织形式所承载的功能体现也不一样。例如，日本的农协基本包揽了农业生产、加工和销售的全过程，还具有农村金融和农村保险的功能。各个国家的农业组织也有着自身严格的组织体系，我们不能以偏概全，不能一味排斥和吸收。对于组织形式的借鉴与选择，不能简单地说哪种好，哪种不好，不能全盘照抄照搬，只能选择与我国农业产业发展阶段相适应的组织形式。我国与其他国家的农业发展水平和背景都不一样，这就决定了我们必须因地制宜地选择自己的组织形式，要根据不同地区的具体情况、不同的发展阶段、不同产品的特点来确定适宜的组织形式。纵观国外农业产业化发达的国家，农业生产区域化布局都非常突出，这为农业产业化发展奠定了坚实的基础。各地发展农业产业一定要根据实际，以行政区域为基础进行合理规划，实现区域化布局，集中连片种植。

二、完善市场化机制，提升农业产业化组织运行力

农业产业化的主要内容是把农产品的生产、加工和销售联合起来，延伸农产品的产业链，实现农产品的价值增值，以提高农业发展效益。农业产业化的发展是在市场经济轨道上运行的，产业间、部门间、企业间的资源配置受市场机制的制约，但是政府可以通过一系列调控来达到对农业产业化的支持和扶持。美国自建国以后就开始实施农业支持政策②，美国政府虽然淡化对农业组织发展的直接干预，但是政府仍然强调要有良好的环境建设和合理的产业引导。日本政府在初期给予了农协非常大的扶持，后来又在立法、组织、资金、价格、科技、贸易等方面采取了一系列政策和措施来推动日本农协的综合发展。基于国外农业组织的发展经验，我们强调政府和市场的结合，且政府通过建立与现代市场经济相适应的制度和体制来合理引导现代农业组织发展是至关重要的。③ 农民与市场联结的组织形式宜多样化。对于美国、日本和法国等国

① 周应恒. 新型农业经营体系：制度与路径 [J]. 人民论坛·学术前沿, 2016 (9).
② 杨振, 韩磊. 美国粮食产业支持政策转型的制度路径与经验启示 [J]. 世界农业, 2020 (7).
③ 胥长寿. 国外农业产业化对我国的启示 [J]. 四川职业技术学院学报, 2005 (1).

农业组织的发展，由于各个国家历史背景不同、农业发展阶段不一样，其采取的组织形式也多种多样。一个较好的组合形式有利于积累资金和保证技术的更新换代，这会大大提高组织运行的效率。我国东、中、西部地区呈一个梯次发展格局，有着较大的地域差异性，因此，其组织形式必然要多样化，不能搞一刀切。不同的省份和地区根据各地农业发展水平可以选择不同的组织形式，例如，一些偏僻的地方可以实行龙头企业带动型和市场带动型以及先组建生产互助合作社等。只要有利于促进农业的发展，我们就要予以积极鼓励和支持并大力推进。

三、深化农产品加工，加强农业产业化组织竞争力

产业化经营使各个环节之间分割开来，改变了传统农业生产，使农业的生产、加工、销售等环节形成产业链条。在产业链条中，农业向第二、第三产业过渡，在延伸的过程中提高比较利益。在产业化的链条中，农产品加工业带动了农业生产、加工和销售，提升了农产品的产业增值，也把农业企业和分散的农民紧紧地联系在一起，促进了社会化大生产和大流通的发展。法国和日本在农业发展过程中都在农村建立了一些农产品加工厂，这样使生产资料非常便利化。日本农业以精致而闻名，无论种植还是销售，都能体现出日本农业的精致。农民无论进行农作物的培育、种植还是管理，都打理得非常干净整齐。市场上所有农产品都是经过精心包装，没有枝叶和泥土，这些均源于日本农民对农产品品质的刻意追求。在日本，无论种植哪种作物，均能体现出日本农民如"绣花"般的细心和精致。[1] 如今的日本农业不是自给自足，而是专业化分工和工厂式生产。农业生产的专业分工十分明确，优势互补，相互依存，共同构建起农业经济的基础框架。我们在这方面借鉴的经验就是使我国农业产业生产进行精致加工和管理，促进生产资料就地消化，减少中间环节，降低交易费用。目前，我国的现实是农村农产品加工企业比较少，因此，政府要在政策优惠和资金投放上予以支持。

---

① 燕洁，王双进，李蕊. 农业产业链发展国际经验借鉴 [J]. 农业经济，2020（10）.

四、夯实政府扶持力，增强农业产业化组织生存力

发达国家农业产业化组织形式能够实现良性发展，政府的引导和支持功不可没。政府的引导和支持体现在制定产业政策和法律法规等措施，在为企业创造一个公平竞争环境的同时规范企业行为，政府一般不直接干预企业和农业组织的日常经营活动，主要是协调经济与社会的发展、克服垄断及不完全信息等造成的市场失灵。因此，发达国家政府通过制定法律，完善信贷政策、财政政策，大力发展农业教育和提供完备市场信息服务，为农业产业化组织提供支持。法国和日本正是因为有了政府的支持和扶持，才有了今天农业组织发展的良好局面。美国政府虽然不直接出面干预，但是也会为农业组织创造良好的市场环境和制定引导性的产业政策。法国和日本政府支持农业组织发展的经验最值得我们借鉴。从这三个国家农业组织发展看，农业组织的发展都会经历一个由小到大的过程，这是事物和组织发展的必然结果，也是市场经济发展的正常现象。组织在发展初期必定需要政府的引导和规范管理。当农业组织达到一定的数量和规模后，我们再采取分类区别对待的办法。例如，对农业生产合作社可以继续予以支持，而对农产品销售合作社就要逐渐"断奶"，通过市场的优胜劣汰机制，使一些组织自行合并、重组甚至关闭，进一步增强各类农业组织的生存能力和竞争能力。①

五、深化合作社发展，培育农业产业化组织创新力

农业产业化组织的发展是与该国的历史、文化、农业发展阶段和经济发展水平相适应的，组织形式的发展程度也必然要经历由不成熟到成熟、由弱到强、由低到高这样一个日渐完善的过程。② 从美国、法国和日本的农业组织发展可以看出，农业合作社为农民提供产销信息和专业咨询服务③，合作社在农

---

① 贾伟强，张明林. 国外农业产业化组织模式的比较与借鉴 [J]. 农村经济，2007 (6).
② 赵慧峰，李彤. 国外农业产业化经营组织模式分析 [J]. 农业经济问题，2002 (2).
③ 周丹，杨晓玉，郝俊峰. 国外农产品流通模式借鉴 [J]. 商业经济，2020 (8).

业现代化的发展中扮演了极其重要的角色，这是因为它有比其他经营组织形式更加鲜明的特点和优势。合作社有助于政府与农户之间的互动沟通，架起了联结政府与农户的桥梁，政府可以通过合作社来引导农户生产，把国家的产业政策和措施落在实处，减少农户生产的盲目性和无序性，例如，日本政府通过半官半民性质的农协来指导农户的生产。另外，农户通过合作社可以把自己的建议及时反映给政府，促进政府改进农业政策，从而大大提高政府对农业与农村经济调控的针对性和实效性，同时也可使农户自己得到经济利益，例如，美国的合作社拥有很大的政治力量，可以游说甚至左右政府的农业立法。在大力发展合作社的基础上，不断地改革创新农业产业化组织形式是保持农业高效发展的前提。发达国家在合作组织的具体发展上有三个特点。首先是允许多种合作组织形式发展。例如，法国的合作社就有购销合作社、服务合作社和信贷合作社，美国有信贷合作社、加工合作社、服务合作社和供销合作社。其次是拓宽合作组织的功能。美国、法国合作社既有分工也有合作，职权明确，而日本农协就非常宽泛了，既指导生产、加工和销售，也具有农村金融和农村保险的功能。最后是积极完善农业组织体系建设。美国、法国和日本的农业组织发展一般会有自己的独立体系，通常都设有全国性组织、地方组织和基层组织等层级。美国和法国的农业组织行政界线不明显，甚至没有，日本则不一样，其组织分层密切对应着行政设置，而且不同层次组织的功能也相对有所侧重，从而形成了一个完整的分工协作的有效机制。[1]

六、推动信息化发展，提升农业产业化组织影响力

发达国家农业的发展是依托于农业科技与技术创新，尤其是农业与信息技术的深度融合。[2] 法国农业信息化发展中多元信息服务主体共存，农业部门主要负责向社会发布政策信息和市场动态，让农民在熟悉计算机操作的基础上通过信息化进一步了解政策和掌握信息。目前，法国通过计算机全程实时监控农

---

① 常青. 构建山西农业产业化合作组织体系的启示——借鉴日本农协的经验 [J]. 山西财经大学学报（高等教育版），2007（3）.
② 王海飞. 信息化视角下我国农业转型与发展探析 [J]. 甘肃社会科学，2016（5）.

产品的生产、收获、加工、储藏等各个环节，使用信息技术对农业生产条件进行监控。基础设施建设是信息化建设的重要环节，离开基础设施建设一切都是空谈。美国通过法制建设为信息化建设保驾护航，发达的数据库和信息化网络为农业信息化打下坚实基础，减少了信息壁垒的出现，拓展了农业产业市场，促进了电子商务发展。日本建立的农业技术信息服务全国联机网络主要是日本农产品中心批发市场主导的农产品市场销售服务信息系统和日本农协主导的全国 1 800 个综合农业组合组成的各种农产品产量及价格行情走势预测信息系统，通过这两个系统，农户可以迅速了解国内国际市场农产品产量和价格动态变化，也可以根据这些信息调节自身的农业种植与生产。日本还很重视农业科技信息系统建设，开发了农产品网上销售系统并积极完善了其农产品物流体系。发达国家农业信息化建设的成功经验对于我国农业产业化和现代农业的发展具有重要借鉴意义。发达国家农业信息化建设实践表明，农业信息资源已经成为农村经济增长和农业现代化建设的坚实支撑，不断推进农业信息化建设会深入优化农业生产结构、改进现代农业技术并实现农业科技成果的不断转化。正确把握和借鉴发达国家农业信息化建设经验是实现我国农业农村现代化的重要参考。

七、推动法治化兴农，筑牢农业产业化组织控制力

大多数发达国家建立了农业标准化管理的协调机构或机制，例如美国、日本、欧盟等。此外，发达国家的技术法规体系及自愿性标准体系都是在完善的法律法规基础上建立和完善的，有效保证了标准的制定与实施。[①] 美国、法国和日本农业发展的成果离不开健全的法律法规体系和相关政策的支持。法国农民合作社形成较早，从 20 世纪 60 年代起，法国先后颁布《农业指导法》《合作社调整法》《农业合作社条例》。美国联邦政府颁布《宅地法》《农产品销售法》《1985 年食物保障法》《土壤和水资源保护法》《2014 年农业法案》等，其农业立法体系比较健全，以法律的形式确定了农业发展相关政策的地位，为农业发展各方面内容提供了具体的法律依据。美国农业法律具有较高的可操作

---

① 张玮哲，等. 我国农业农村生态文明标准体系构建的探讨［J］. 北京林业大学学报（社会科学版），2020（3）.

性，对农业发展的细则进行了具体规定。美国根据农业发展的要求，不断完善相关农业法律，实现法律内容的与时俱进。中共中央、国务院、农业农村部及财政部也陆续出台了相应的指导意见和规划，这些文件的出台为推进乡村振兴战略指明了方向，但农业农村现代化建设过程中存在的相关问题仍有待解决。农业产业化经营、生产者支持、消费者权益保护、高端农产品市场构建以及如何惩罚投机者等方面缺乏有效的管控手段。因此，我国应结合美国、法国和日本经验，坚持以法兴农，制定推进乡村产业振兴、农业产业化经营以及扶持小农户的相关法律法规，为实现农业农村现代化构建严密完整的法律及政策支持体系。

第五章　乡村振兴背景下我国农业产业化组织形式多维分析

　　乡村振兴战略下农业发展、农村繁荣、农民增收的多目标导向是题中之义。农业产业化经营是有效组织我国农业家庭经营以及加快农业发展、农村繁荣、农民增收的现实选择。龙头企业带动型、中介组织带动型和专业市场带动型组织形式各有其特点和适应条件，对这几种组织形式进行案例分析，以组织效率理论为基础，构建一个分析框架进行比较，总结它们现有的利弊，将有利于针对我国各区域的具体状况选择适宜的农业产业化组织形式。虽然随着我国农业产业化蓬勃发展，组织形式不断创新与完善，促进了农业产业结构调整，使产业布局进一步合理，促进了农民增收，但是我国目前的农业产业化及其组织形式发展任务还较为艰巨，这是因为我国农业产业化组织形式在发展过程中面临着市场机制不健全、利益联结机制不畅通、组织治理机制不完善、组织发展资金缺乏等问题。

第一节　我国农业产业化组织形式实证分析

　　实践中的现代农业产业组织，因所处的环境和条件不同，其具体组织类型会存在各种不同的表现形式。[①] 我国主要有龙头企业带动型、专业市场带动型和中介组织带动型三种农业产业化组织形式。本书选取了广东实践的几种组织

---

① 姜太碧，张哲. 现代农业产业组织策略行为研究 [M]. 北京：经济科学出版社，2015：1.

形式代表，并对此进行实证分析，分析这几种农业产业化组织形式的优势和薄弱环节，以期对全国农业产业化经营形成一定的示范作用。

一、广东云浮市温氏集团龙头企业带动型

（一）基本情况

温氏集团创立于 1983 年，是一家以畜禽养殖为主业、配套相关业务的跨地区现代农牧企业集团。温氏首创了"公司 + 农户"的发展模式，成为中国畜牧业的典范模式。温志芬优化并发展了这一模式，将之升级为"公司 + 家庭农场""公司 + 养殖小区 + 农户"等现代产业化发展模式。这些模式以产业发展为引擎、人才培育为先导、闭环产业链为基础、风险防御机制为后盾。截至 2019 年 12 月 31 日，温氏集团已在全国 20 多个省份拥有控股公司 326 家、合作家庭农场 4.98 万户、员工 5 万多名。2019 年温氏股份上市肉猪 1 851.66 万头、肉鸡 9.25 亿只，实现营业收入 731.20 亿元。温氏股份现为农业产业化国家重点龙头企业、创新型企业，组建有国家生猪种业工程技术研究中心、国家企业技术中心、博士后科研工作站、农业农村部重点实验室等重要科研平台，拥有一支由 20 多名行业专家、70 名博士为研发带头人以及 635 名硕士为研发骨干的高素质科技人才队伍。温氏股份掌握畜禽育种、饲料营养、疫病防治等方面的核心技术，拥有多项国内外先进的育种技术，现有国家畜禽新品种 9 个，获得国家科技奖项 8 项、省部科技奖项 58 项，温氏股份及下属控股公司共获得专利 432 项（其中发明专利 148 项）。[①] 温氏集团让农户真正成了新型职业农民、家庭农场主。

（二）运作机制：采取"公司 + 农户（或家庭农场）"形式

温氏首创了"公司 + 农户"的发展模式，成为中国畜牧业的典范模式。温氏集团创始人过去有养鸡的经验，养殖场经过初期发展有了一定规模之后，遇到一些企业发展会经历的困境，如资金瓶颈、发展场地和劳动力限制等，这就需要在发展战略和公司运营上有所突破。农户从某种程度上可以解决这些

---

① 温氏集团官网（https：//www.wens.com.cn/cn/jtjj/index_ 3.aspx）。

矛盾，他们有场地，本身就是劳动力，也能解决部分资金短缺问题。因此，温氏集团开始了"公司 + 农户"的探索。在探索之初，温氏集团十分注意这一形式的核心问题，即公司与农户的利益处理问题，与农户实行"固定挂钩联营"。温氏集团"公司 + 农户"模式主要是指公司与养殖户建立合作关系，在畜牧业（养鸡、养鸭、养猪等）的生产过程中，公司对农户严格实施"五统一"管理，即统一品种、统一防疫、统一进苗、统一用料和统一销售。一方面可以严格控制种苗、饲料、药物、疫苗等原料物资的成本和质量；另一方面可以严格监控生产、销售等各个环节，从源头和生产销售全过程对公司产品进行有效监控，确保了产品质量和食品安全。合作农户则按照公司提供的管理标准进行饲养管理，获得稳定的饲养效益。公司与合作农户紧密合作、各司其职、分工合作，公司充分发挥资金、技术、市场、种苗、饲料、药物、管理、规模等优势，农户充分发挥劳动力和场地等优势，有效地将畜禽养殖产业链中各生产要素组织起来，以实现资源优化配置和企业高效运转。经过几十年的创业发展，温氏集团"公司 + 农户"模式运作越来越成熟，特别是经历了行业数次重大疫病和价格低潮的考验，公司与农户合作关系更加稳定牢固，形成了更加紧密的利益共同体。而且，这种合作模式具有较强的复制能力，公司已将此模式从肉鸡养殖复制到肉猪养殖，并从广东地区复制到华南其他地区以及全国 20 多个省份。通过区域化发展，温氏集团经营模式得到推广应用，不仅为公司进一步发展创造了坚实的基础，而且带动了区域农民的共同富裕，促进了区域农民生活水平的提升。为了应对近几年来合作农户收入增速趋缓、传统养殖业对年轻人缺乏吸引力以及在养殖过程中的环境污染等问题，2013 年温氏模式迎来第一次升级，温氏集团将原有的"公司 + 农户"的合作模式升级为"公司 + 家庭农场"的新模式，即通过提高农户的机械化水平和生产技术，使传统的养殖过程发生质的转变，使小规模农户向环境友好型的家庭农场转变，扩大养殖规模，降低劳动强度，提高养殖效率，实现"农民收入倍增计划"。正是这一改变，让合作农户"养得更多，收益也更好"。

1. 在企业内部建立了股份合作制。20 世纪 80 年代温氏建立，20 世纪 90 年代温氏实行了员工持股的股份合作制，主要干部和骨干员工都持有公司股份，以公司为"龙头"，以场带户，场户结合，用企业化管理的方式，实行产供销一条龙，把分散经营的农户组织起来进入市场，形成基地化、规模化、综合经营的优势，在自身不断发展壮大的同时，让广大农户也切切实实的有所收益。这种方法使企业资产关系十分清晰，企业的经营效益也通过股票价格直接反映出来。每个职工在企业占有的资产份额清清楚楚，而且只有集团的员工才有资格持有原始股票，所有者与经营者合二为一，每个股东都是企业的投资者、所有者和劳动者。这种股份合作制的分配制度，兼顾了企业的方方面面，做到了"风险共担、利益共享"，促使每个员工都关心集团公司的经营，有效地调动了员工的积极性，增强了企业的活力。2016 年，温氏股份推出一期员工持股计划，参加对象包括温氏家族管理团队、董监高，以及与公司或公司全资、控股子公司签订正式劳动合同的员工。温氏的这一做法在一定程度上实现了股东和员工利益的相对统一，最大限度地调动了员工创业的积极性，同时也为公司前期的发展获得了所需的资金。

2. 温氏"公司＋农户"的合作政策。农民与温氏合作，担任的角色就是"车间主任"，他们不用承担太多资本和市场行情上的风险，一年下来收益和规模成正比，有的年收入能达到几十万元。公司与农户形成了一个稳定的合作关系，这不仅是分工，而且是走进对方的价值链中，一起创造价值。农户建好鸡（猪）舍，缴纳一定的合作互助金，领取鸡苗、药物、饲料进行肉鸡饲养。公司在一定区域范围内设立一个服务中心，为每 20～30 个养鸡户安排一个联络员（养户管理员），为农户提供全方位的技术指导和服务，最后由公司负责收购。在这种模式下，无论在企业内部、企业与农户之间，还是企业与客户之间，如何建立利益共同体以及如何平衡自己与上下游之间的关系都是很重要的。温氏长期坚持良好的利益分配机制，将产业化经营中获得的行业利润与农户进行分配，并明确无论行业处于何种经营环境，都要保证养鸡户有获利。同时，在年终结算时，如果农户的年平均收益低于社会同行的平均利润水平，公司将以补贴形式返回农户。温氏正是较好地协调了各种利益分配问题，成功地通过合同和诚信在各个利益主体之间建立了一个比较牢固的经济利益共同体，从而较好地激发了各方面的积极性，使公司步入了快速发展的轨道。正是与股东、员工、农户、客户共同分享行业成长成果的理念，推动了温氏一系列合理制度安排的形成。

3. 创新合作模式，注重科技、环保与人才培养。近年来，温氏集团不断创新合作经营模式，延伸产业链条，为推动农村产业融合发展做了积极的探索。温氏集团积极升级"温氏模式"，推动传统养殖业的转型升级，通过物联网新技术在畜牧养殖链中的应用，大幅度地提高了生产效率，助力农户增收；配合各地"一村一品""一镇一业"计划发展畜牧养殖业，助推富民兴村产业发展；延伸产业链条，带动产业兴旺，形成农工技贸一体化、产供销一条龙的完整产业体系，由此拓展农业功能。温氏集团在新兴县投资的省级现代产业园，集现代养殖小区、屠宰、食品研发加工以及电子商务为一体，取得了较好的效果。

技术既是温氏股份发展的加速器，也是"温氏模式"的核心竞争力之一。创立之初，温氏与华农动科系达成长期合作协议。华农动科专家通过技术研发、创新及技术组合，使温氏始终在市场竞争中立于不败之地。温氏与多所高等院校和科研院所进行长期深度的产学研合作，掌握了一系列核心技术。温氏虽是做养殖业，但却是个实实在在的高科技企业。从创立至今，温氏创新研发了拥有自主知识产权的中国的猪种、鸡种、羊种、牛种。温氏重视大数据的运用，为养殖户 24 小时提供技术服务，且拥有自己的 App。农业老板可随时监测每个鸡场和猪场的状况，包括温度湿度、喂食时间以及猪场的排污状况等，一旦水质出现问题，老板的办公室就会报警。温氏股份对合作家庭农场的技术指导有一套完善的规章制度，能保证家庭农场主随时、及时地得到技术指导，真正发挥了互联网的优势。2017 年 9 月，温氏股份、华南农业大学共同建设的国家生猪种业工程技术研究中心通过科技部组织的专家组验收，获得了专家组的一致好评。以温氏股份作为主要完成人的"高档优质肉鸡新品种的培育与应用""黄羽肉种鸡禽白血病净化关键技术创建与应用"两个项目，荣获2018 年度广东省科学技术奖一等奖。

近两年温氏集团投入 10 多亿元帮助合作农户（家庭农场）升级改造环保设施，推行健康生态养殖模式。目前，温氏集团针对大型畜禽养殖场污染防治已形成了成熟的环保工艺，把清洁生产、污染物综合利用、生态设计和可持续发展融为一体，形成了完整的生态健康养殖模式。温氏集团积极参与云浮市"共谋、共建、共管、共评、共享"的乡村振兴发展行动，投入 2 亿多元支持总部所在地新兴县的人居环境整治行动，助力"生态宜居"乡村建设，培训合作农户 5 万多人次。①

人才是实施乡村振兴的有力支撑。温氏集团非常注重新型职业农民的培养，通过加强技术指导和组织培训方式，提高家庭农场主的整体素质。温氏集团 2018 年开展了 2 700 多场培训，培训合作养殖户 5 万多人次，力求使合作农户成长为"懂技术、会管理、善经营、有文化"的新型职业农民。温氏集团近年以"公益帮扶 + 产业振兴"模式，打造"让爸爸回家"公益项目，为想回乡创业的农民工提供就业或创业的平台和机会，同时也为乡村振兴培养人才。目前，温氏集团已经吸引了 3 000 多名外出务工人员返乡办场进行合作养殖。②

（三）成效与问题

温氏集团采用"公司 + 农户"的形式，在全国很多地方设立了分公司，在很多县、市、乡建立了养鸡和养猪基地，集团紧紧依靠绿色生态产业链条，进行相关多元化的发展，让农民不走出农村也可发家致富奔小康，而且集团还特别重视典型的带动作用，对规模饲养场、牧业小区给予一定的优惠政策。温氏集团为农村现代化发展做出了令人瞩目的贡献，不仅帮助提升其所在地区的整体农业水平和经济水平，还对有集团合作业务的其他地区具有较大的辐射力，也为解决下岗职工和农民就业做出了一个企业应有的贡献。养殖基地、牧业小区、规模饲养场已经成为集团的鸡源和猪源。

为保证这种组织形式的可持续发展，要注意以下几个方面的问题。一是如何保证可持续发展。众所周知，龙头企业的好坏是决定农业产业化发展的关键，而像温氏集团这么大型的龙头企业，应该大力推广先进技术，不断带头提高产品的质量，增强市场的竞争力。温氏集团这样的龙头企业要有能够可持续发展的机制，包括清晰的产权结构、合理的治理结构、超强的科技研发实力和市场开拓能力等，温氏集团需要在这些方面加强。二是如何形成企业与农户共赢的利益机制。只有合理的利益机制才能使双方的合作长久下去，合理的利益机制是保障企业和农户利益的关键，"公司 + 农户（或家庭农场）"要想走得更远，必须完善利益分配机制。一方面，如果不能形成完善的利益分配机制，龙

---

①② 吴曼，温鹏程 . 2018 年温氏 5 万合作农户户均效益超 15 万元 ［J］. 北方牧业，2019 （3）.

头企业就得时刻监督农户，这样会极大地增加企业的成本支出；另一方面，没有完善的利益分配机制，农户会违约，大大增加了企业不可预期的风险。三是如何有效应对养殖业风险。2018 年以来，受非洲猪瘟的影响，猪肉价格极速上涨，相关部门高度重视，调控力度超以往，疫情影响不可持续；既然是周期，上升期结束之后必然是下降期，上升期的幅度越大、速度越快，下降期的幅度和速度往往会更甚；温氏股份在与农户签订委托养殖合同时往往会约定生猪回收价格，在猪肉价格大涨时会锁定成本，利润空间随着市价上涨而增加，但是温氏股份在市场猪肉价格跌破合同回收价格时，并不能按照市场价回收，下降期受到冲击会更大，亏损幅度相对重资产养殖模式企业更大。

二、广东惠东四季鲜荔枝中介组织带动型

（一）基本情况

2003 年惠州市四季鲜绿色食品有限公司牵头组建了惠东县四季鲜荔枝专业合作社，这是一个以农民为主体的合作社，坚持"民管、民主、民受益"的发展原则，坚持"合作社 + 公司 + 农户"的组织形式，是集荔枝生产、销售和社会化服务为一体的农民专业合作社。合作社以带动更多的农户走向富裕为目标，坚持市场为导向，全方位地为合作社成员提供生产、技术指导、销售等服务为立足点，大胆探索与实践，真正实现了"利益共享、风险共担"的市场运作机制，带动了特色农业的发展。这个合作社演绎出了一条独具特色的农业合作化之路，已被认定为"全国农民专业合作示范试点单位"。

（二）运作机制："合作社 + 公司 + 农户"

1. 完善制度建设，规范民主管理。发展合作社的目的是使农民富裕，只有合作社自身强大且不断完善，才能更有效地为成员服务。经过多年的摸索与实践，特别是《农民专业合作社法》正式实施后，该合作社重新修订章程，进一步完善了合作社的组织机构，规范了内部经营机制、决策机制、分配机制和运行机制，制定了一整套为成员服务的具体措施。为了便于管理，合作社在当地农村的各个村设立了合作小组，分别负责本区域内的统计、管理、服务等具体工作，并及时反映成员的意愿和要求。合作社除设立理事会、监事会外，

还成立了生产部、市场部、信息部、财务部和成员服务部（技术培训部、农资服务站）、产品检测室等，使合作社管理逐步规范化、体系化、制度化。成员服务部以无偿服务成员为宗旨，积极创造条件为成员提供产前、产中、产后服务。技术培训部定期为生产基地的生产、管理人员进行农产品栽培及农业标准规程培训。该合作社为健全和完善各项管理制度，制定了《合作社财务管理制度》和《合作社专项资金管理办法》，同时做到审批报账程序化、日清月结、定期进行财务公开，每年进行内部审计，并向成员（代表）大会报告审计结果，随时接受全体成员的监督。该合作社还通过规范化建设，增强合作社的凝聚力。

2. 健全运行机制，实行利益共享。合作社积极贯彻实施《农民专业合作社法》，不断健全与完善组织的内部运行机制和利益联结机制，建立合理的分配机制，形成"利益共享、风险共担"的共同体。合作社实行独立核算、自负盈亏、利益共享、风险共担的市场运作机制。合作社的经营利润，遵循盈余返还的原则，进行二次分配。

3. 强化服务能力，发挥组织功能。这个以农民为主体的合作社通过"合作社＋公司＋农户"的组织形式为农户提供一系列社会服务，包括产前、产中、产后各个环节的服务，如为成员们分别提供"统一生产资料"零利润的社会服务和科技文化服务。合作社按照企业要求，坚持品质就是生命，坚持发展自己的品牌，通过实行严格的质量控制，提升了荔枝品牌和档次。合作社照标准化生产的要求实行荔枝生产"四统一"，即统一生产、统一操作规程、统一产品质量标准、统一注册商标。合作社建立了绿色产品水果基地和无公害水果基地，大力引导农民进行无公害和绿色农产品的生产。其"粤农"商标荣获荔枝龙眼干果行业首个中国驰名商标。合作社为了有效地解决荔枝"卖难"的问题，参加了各种形式的推介会，如各种农博会、广交会，着力提升合作社荔枝的知名度和销售额，通过统一收购和销售合作社内农户的荔枝，既避免了农户单独面对市场，也使自己的品牌名声在外。合作社还组建了专业的营销队伍，先后在广州等广东省内发达城市和浙江、福建、安徽等经济发达省市各大农贸批发市场设立销售网点，促进合作社荔枝产品的销售。截至2018年6月，惠东县四季鲜荔枝专业合作社创造了"四季鲜"荔枝品牌，引入"互联网＋"思维，将南国佳果——荔枝通过创新包装、专业营销、模式多样等方式提高了荔枝的价格，提供省内 24 小时内送达、省外 48 小时内送达的服务，进一步推动了本地荔枝的销售。① 合作社大力发展荔枝电子商务，有效促进了当地荔枝销售与发展，增加了农民收入，提高了产地优质荔枝的收购价格。此外，合作社还大力组织荔枝产品出口，"粤农"牌荔枝鲜果干销往俄罗斯等地，成功开拓了国外市场。

（三）成效与问题

合作社成立以来，加入合作社的成员从 12 户发展到现在的"全国农民专业合作示范试点单位"。合作社的成立大幅度地增加了农民的收入，通过拓展销售渠道增加销售收入、加强技术服务提高产量和质量、依托科研院所引进优质种植技术和培训社员等举措，使农民收入成倍增长。合作社带动了荔枝业的发展。合作社的生产基地以及加工基地的建立，为更好地示范、带动和服务农民群众发展荔枝产业，加速产业化进程提供了有效支撑。合作社的成立降低了农民个体进入市场的风险。合作社组织初步实现了农户的分散经营与市场的对接，使本来分散的农户实现了生产专业化和经营规模化，增强了荔枝种植户抵御市场风险的能力。

为保证这种组织形式的可持续发展，我们要注意以下几个方面问题。一是合作社融资难题。由于合作社的资金规模不大，我国合作社的发展总体上遇到缺少启动资金和筹资渠道的不畅通问题，致使合作社难以运转，进而大大削弱了合作社初始设计的功能。随着更多种植户的加入和合作社的进一步发展，为扩大种植规模，避免荔枝生产的雷同化，合作社必须不断引进新品种和新技术，并积极开展示范和推广，而这些没有资金是无法解决的。由于资金的不足，合作社不仅连这些问题都无法解决，甚至连自己的产品也无法在市场上快速占据有利地位，只能从事一般的初级销售，且只能少量地获得一些产品提升的附加值，不能延伸其产业链。二是合作社发展风险问题。通过这个案例，我们也能看到四季鲜荔枝专业合作社能取得这么好的成绩，离不开惠州市四季鲜绿色食品有限公司的帮助、扶持和参与，尤其是在合作社的创建时期和发展早期。② 在我国目前合作社发展现实中，大部分还是依靠公司或者大户带动，这

① 朱晓红. 惠州市鲜活农产品物流配送模式优化研究［D］. 广州：仲恺农业工程学院，2018.
② 郑重. 惠州"四个强化"建农机强市［J］. 现代农业装备，2011（4）.

使农户无法组成真正的经济共同体，遇到一些风险，就只是少数人承担，导致合作社带动农户有限，跨区域和跨行业的少之又少。三是合作社可持续发展问题。合作社的创立都是农户自发自愿的，因此，合作社不仅遇到资金的困难，还会遇到科技、信息和文化素质等困难，而这些就需要政府政策的扶持和帮助了。

三、广东湛江霞山水产品批发市场带动型

（一）基本情况

湛江市霞山区水产品批发市场始建于 1996 年，位于湛江市霞山区中心的繁华地段——胜利长堤路，它紧靠海滨大道，拥有 300 米长、可停靠千吨船舶的深水渔港码头，距湛江机场仅 30 分钟左右的车程，陆路、水陆和航空运输十分方便。经过多年的精心培育，霞山水产品批发市场是全国水产品集贸的十强市场之一[①]，是粤西地区规模最大、交易最活跃的水产品批发市场。市场交易以对虾交易为主流，历年来对虾的成交额占市场总成交额的 70% 左右，霞山水产品批发市场交易量占全国对虾产量的 2/3 左右，是全国最大的对虾交易集散中心，全国加工出口的对虾绝大部分来自该市场。[②]

（二）运作机制："专业市场（中介代理商）＋农户"

1. 构建现代化综合的批发交易市场体系。批发主导在当前的集散市场上是最为常见的商品销售与流通的方式之一，水产品批发市场会伴随水产品物流模式的诞生而形成，从而形成一个完整的供需体系。批发可分为生产方自身或代理商的批发模式，再发展成次级批发商和零售商、次级批发零售商，最后到最终消费者。[③] 湛江的综合批发市场相对比较活跃，其中，闻名遐迩的霞山水产品批发市场主要是构建了一个现代化综合的批发交易市场体系，有着产品入市的检测与监控、市场的规划与管理、品牌的树立与发展的先进流通理念，为广大供需者提供了一个合理科学的交易平台，也打破了传统部分贩卖式批发的

① 蒋小平．湛江市水产品物流发展的问题研究［D］．湛江：广东海洋大学，2019.
② 广东省湛江市霞山水产批发市场［J］．中国市场，2007（7）.
③ 李黎．郑州市农产品物流模式的现状与趋势探析［J］．河南农业，2015（23）.

垄断性行为，促进水产品市场理性竞争，让湛江水产集散有了更好的流通环境。

2. 创新的交易模式。为确保虾农进行交易的平台信息畅通，该市场实行新的中介代理商方式。在中介代理模式中，中介商一头连着众多虾农，另一头连着众多采购商，供养殖户和采购商进行双向选择，实现了供销信息的互通。同时，霞山水产品批发市场良好的模式吸引了全国各地有实力的对虾养殖户、中介商和采购商入场，形成了一个市场经济的大平台。

（1）先行向虾农垫付货款，保证虾农第一时间拿到货款。随着出口加工厂的增多和出口贸易回款时间变长，赊销的行业习惯逐渐形成，虾农不能第一时间拿到现款。为保护虾农的利益，中介商先行代采购商垫付货款，承担了追款的风险，保障了虾农下一季生产。

（2）合理简化、规范收费，降低流通成本。过去，由于多头管理、多头收费和随意收费，每车流通成本近 1 000 元，虾农负担很重。规范中介代理制度后，该市场实行"一支队伍管理，一个窗口收费"，并通过行业公约规定代理费，这些措施大大减轻了虾农的负担，使虾农得到实惠，增强了市场的凝聚力。①

3. 形成和稳定交易价格机制。

（1）加强信息采集与发布工作。作为水产业链龙头企业，霞山水产品批发市场一直以来重视价格行情信息化建设工作。市场设有大型电子显示屏，及时向交易各方输送价格行情、公示公告等信息；开通大型农产品流通专业网站，网站信息丰富，开办了市场大户、网络商户、供求信息、加工企业、食品安全等二十多个栏目，市场还专门成立了网络中心进行维护；参与湛江市农业农村局、湛江移动推出的"农讯通"业务，每周向全市虾农、渔农发布市场最新的价格行情、供求信息和行业快讯，使他们足不出户就能了解市场行情；建立霞山水产品批发市场"手机信息群发系统"，定期向长期合作的农民、经营户、加工厂、采购商发布市场的通知和通告，进行行业自律管理。

（2）产后环节一体化。由销售市场发展起来的产后环节，市场上形成的

---

① 龙昊. 浅议农产品专业市场在农民增收中的作用——基于广东湛江霞山水产品交易市场的调查[J]. 中国市场，2019（1）.

众多中介公司对开拓国内外销路起了重要作用。目前，以加工出口为主导的水产品加工业已成为湛江三大产业集群之一。湛江依托得天独厚的海洋资源和亚热带海洋气候条件大力发展"一条虾"工程，着力培育、发展和壮大对虾产业，逐渐形成了育苗、养殖、流通、加工、出口系列化对虾产业链，大大提高了水产品的附加值，对虾产业从业人员超过 100 万人。批发、零售、贸易、餐饮业已成为湛江第三产业中比重最大的部分，转移了大量农村劳动力。市场的发展对这些地区的经济发展起到决定性的作用。霞山水产品批发市场从产业的高度来经营这一产品，发挥了火车头的行业带动作用，使湛江的对虾产业链迅速发展成湛江市的六大产业链之首，带动了链条的各环节迅猛发展。

（三）成效与问题

有人这样形容霞山水产品批发市场的对虾交易量："中国人吃饭，盘子里的五条虾，至少有三条是出自湛江霞山水产品批发市场；美国人吃饭，盘子里的五条虾，至少有一条出自霞山水产品批发市场。"湛江对虾之乡的美誉也由此而来。霞山水产品批发市场日益活跃，日成交量最高可达 500 吨，年成交量40 余万吨，年成交总额达 300 亿元。湛江霞山水产品批发市场重点引进云计算与大数据分析用来进行信息发布和产品交易结算，力争建设成为中国最大的集水产品批发、交易、加工、运输及服务于一体的区域性鲜活水产品物流中心及农产品集贸中心。①

为保证这种组织形式的可持续发展，我们要注意以下几个方面的问题。一是改造专业市场带动形式，创新产业化经营形式。这种组织形式比较松散，市场与农户没有形成紧密利益联结体，其利益联结机制主要是依靠契约来维系，属松散型联结，在市场利益的驱动下，农户由于并没有从专业市场中获得规模利益，脱离专业市场的意愿会增强。二是目前该形式还存在缺乏深加工能力的问题，因此，应围绕专业市场，适时发展深加工，形成"培育一个支柱产业、带动千家万户、促进专业化区域经济发展"的格局。三是推进适应市场发展新模式。这一运作机制中的"专业市场（中介代理商）＋农户"模式是信息不发达、科技不发展、农民营销能力不强情况下的产物，随着现有市场三大优

---

①　蒋小平．湛江市水产品物流发展的问题研究［D］．湛江：广东海洋大学，2019．

势的不断弱化，必须寻求一种能适应市场今后长期发展的新模式。四是运用大数据信息化促进市场交易。该市场交易形式信息滞后、电子商务运用不广泛、大数据理念不清晰等问题要随着农民组织化程度的提高、法律法规制度的健全、全社会诚信制度的完善和电子信息技术的广泛运用逐步解决，摆脱农贸专业市场和水产品专业市场传统落后的交易方式，向电子统一结算、批发代理制、会员制拍卖交易和网上交易等新的方式发展。

第二节　我国农业产业化组织形式比较分析

随着我国社会主义市场经济体制的不断深化与完善，我国农村与农业发展的制度环境和市场条件出现了深刻的变化，非组织化的农业经营模式越来越难以适应不断变化发展的外部环境。[①] 龙头企业带动型、中介组织带动型和专业市场带动型组织形式也各有其特点和适应条件，其效率既受制度供给、自然禀赋、产业特性、市场发育程度等外部因素的影响，也与倡导农业产业化所要实现的目标以及组织内部的因素密不可分。以组织效率理论为基础，综合各因素对三种农业产业化组织形式进行比较分析，厘清这三种组织形式的利弊与目标实现情况，将有利于针对我国和各区域的具体状况，选择适宜的农业产业化组织形式并积极创新。

一、农业产业化组织形式比较的理论基础

（一）组织效率的概念与发展

组织效率理论揭示了企业投入与产出的关系，影响组织效率的诸多因素主要包括内部因素和外部因素。内部因素主要包括诸如企业的管理者素质、企业内部管理制度、企业内部组织结构和企业运作流程等。外部因素主要包括政府的制度安排、自然禀赋、区域产业特性和市场秩序建设等。从农业产业化组织

---

① 李如潇. 中国农业经营制度变迁的路径依赖及其对策研究 [D]. 长春：吉林大学，2019.

形式的优劣来看，农业产业化组织形式的效率不仅受到自身内部因素如组织治理、制度供给等的影响，也受到外部因素如自然禀赋、产业特性、市场发育程度等的影响。当然，农业产业化也还有着重要的政治和经济目标。结合影响组织效率的内部和外部因素，依据农业产业化组织的目标，可以构建一个分析框架剖析农业产业化组织形式的利弊与适应条件。

组织是在一定的环境中，为了实现一定的共同目标，按照一定的规则和活动规律结合起来的社会实体。简单地说，组织是指两个以上的人为了一定的目标而达成的特定的人际关系构成群体。组织的构建目的是实现组织目标，并且是以最高的效率达到。组织在构建和管理的过程中需要付出成本，其组织效率反映了该组织的优劣。组织效率体现了组织目标的实现程度，是组织的成本投入与收益的比例，体现了组织中各个利益主体运行的绩效，并最终反映在该组织相对于市场中同类组织的竞争力上。

（二）组织效率的来源

组织效率反映了组织目标的实现程度，体现了组织中各类关系和活动的效果。归纳起来，组织的效率主要来源于技术、制度和竞争三个方面。

1. 效率的技术来源。人们最早认识到的效率来源就是技术，这也是提升运行效率的最重要因素。古典经济学的分工理论认为，生产工具的改进、新工艺的引入和专业化生产等极大地提升了经济发展的效率，这是最早关于技术效率令人信服的解释。

2. 效率的制度来源。制度是效率的另一重要来源。新古典经济学把企业纯粹抽象为一个技术性的生产函数，企业制度对效率的影响基本看不到。但恰恰影响企业效率的还有诸如企业产权制度、激励制度、企业治理结构、企业文化等一些制度性因素。

3. 效率的竞争来源。竞争是市场经济的本质，企业效率的高低同样会受到所处市场环境的影响。市场结构分为完全竞争、垄断竞争、寡头垄断和完全垄断四种，不同市场结构的竞争环境决定了不同的企业效率，市场中有效的竞争强度与良性竞争秩序将对企业产生重要的外部效率激励。

（三）组织效率的影响因素

企业组织是一个开放的系统，为了实现既定的目标，它必须不断与其生存的外部环境进行信息、物质与能量的交换，并根据环境的变化，不断更新技术和知识，调整人员和资源配置。因此，影响组织效率的因素主要包括外部环境、技术与知识、结构与制度三个方面。

1. 外部环境因素。外部环境是企业组织生存的基础，包括国家宏观经济和政治政策、企业所处市场环境等。企业组织目标的设定必然是在一定的环境状态中进行，并通过组织相应的资源予以实施。稳定的环境状态能够积极促进企业组织目标的实现，带来企业效率的进步。不确定的环境状态或动荡的环境对企业组织效率的影响较大，它影响了企业组织的信息获取、认知、处理以及分配方式，进而影响了组织目标的实现。

2. 技术与知识因素。技术与知识是现代企业效率的重要资源。工艺技术的升级换代、设备的更新和现代化的管理方式能够使企业降低生产成本、提高产品质量，而个人与企业创造力的成长和培育离不开知识与经验。知识能够带来技术的更新换代，是企业进行有效决策的基础，也是企业合理配置资源的重要因素。企业的核心能力来源于知识，知识的差异成为企业效率差异的基础。因此，影响组织效率的关键因素是知识的存量、类别以及开发与利用。

3. 结构与制度因素。结构因素包括知识结构、组织结构、决策结构和权力结构等多个方面，是企业组织在既定目标下的一系列任务分配、计划设置和组织协调的制度安排。合理的制度安排有利于组织目标的实现。监控与协调的有效结合，配以合理的激励机制与信息交流方式，可以提高企业的组织效率。

"所有的组织，尤其是正在成长的那些，都是在稳定与改变、传统与修正之间走钢丝。"① 组织的存在是有其目的的，而实现目的的过程就是产生组织"收益"的过程，也可以说是产生市场绩效的过程。农业产业化组织形式效率的高低不仅涉及影响组织运行效率的内部因素，也与制度供给、自然禀赋、产业特性、市场发育程度等外部因素和发展农业产业化所要实现的政治和经济目标密切相关。这里以组织效率理论为基础，对各种农业产业化组织形式的绩效进行分析和比较，将影响因素分为内部因素和外部因素，并在考虑发展农业产业化所要实现的目标基础上，构建一个农业产业化组织形式比较的分析框架。

---

① 沃伦·本尼斯. 成为领导者 [M]. 姜文波，译. 杭州：浙江人民出版社，2014：235.

二、农业产业化组织形式效率的影响因素

（一）影响农业产业化组织形式效率高低的外部因素

1. 政府的制度保障。政府是构建一种组织形式发展及其变迁的重要保障。如果没有政府的保障、推广和积极实施，这些组织形式很难发展壮大。与制度需求不同，制度供给需要付出制度成本和承担相应的风险，尤其在政府单独作为制度供给一方时，很容易发生制度供给的滞后，进而影响到农业产业化组织形式的构建及其效率的提高。在我国一些经济发达地区，人们受教育程度相对较高，而在制度供给环境更为宽松的地区，"小农户"与"大市场"的矛盾表现得更加激烈。为解决这种矛盾，农户比较迫切需要实行农业产业化经营，并追求与企业的合作；企业为保证原料供应，也会有与农户建立稳定关系的需求，相应地，与农业产业化有关的制度确立较快，并进一步推动了农业产业化的快速发展。由此可以说，这是一种需求引致的制度供给。在经济发展水平相对较低、人口素质水平相对偏低的地方，农业产业化发展的低水平导致这些地方对各种相关政策的需求也较低，政府既是制度的供给者，也是制度的需求者，企业与农户则是单纯的制度需求者，这些地方有关农业产业化发展的相关制度供给往往相对滞后。法律作为一种正式制度供给，它为农业产业化组织的发展提供支撑和保障，涉及组织的性质、法律地位、税赋关系等的确定。从我国发展农业产业化的实践来看，龙头企业带动型和专业市场带动型是最初的形式，它们伴随着我国农业产业化的发展而不断发展壮大，相应的法律制度比较健全；以合作组织为主的中介组织带动型在整体上正处于高速发展阶段，相对于其他两种组织形式而言，农村合作经济组织的性质、法律地位、内部治理、内部分配、会员制度等正在大力发展。

2. 地区的资源赋予。自然禀赋是一个地区自然形成的各种自然资源的总和，它包括所处的区位优势、气候条件、水电煤各种自然资源等。一方面，丰富的自然资源是生产农产品的基础，没有这些资源赋予，农业生产都会停止，何谈实现农业产业化经营；另一方面，独特的自然赋予也间接地成为企业竞争的优势所在，以农产品为经营对象的加工企业必定依赖于当地的农产品原料。当企业将某个地方的特色农产品通过加工转化为企业自身独特的产品时，这就

成了该企业独特的优势，别的企业根本无法享有，那么，该企业自然会在激烈的市场竞争中牢牢地掌握主动权，其产品也就存在一定程度的不可替代性。如果竞争企业不考虑这些因素，其生产成本必然会上升。在龙头企业带动型组织形式中，许多龙头企业与农户通过契约的形式找到了适合自己企业的独特资源优势，并把这种资源优势发挥到极致，建立起属于自己独有的生产基地，也正是这种其他企业根本无法企及的独特优势造就了这些企业的核心竞争力。对于一些对自然环境要求相对较为宽松的企业，在加工农产品时，地域和自然资源没有独特的优势与特点，要求相对没那么高，这时，多会采取"公司＋农户"的形式。

3. 不同的产业特性。农业是获取人们所需要生活资料的生产部门，是人类利用生物生活机能和自然环境条件，通过人类劳动加强和控制其生命的过程。农业生产具有自身的特点，它受到自然季节的影响，农作物生长受到其周期性的影响，同时，很多农产品在流通过程中对仓储、运输的要求极高，因为很多农产品具有易腐性，还要保留农产品的鲜活性。农业产业化经营就是要控制和改变农业生产这些自然风险和自然条件，要求对初级农产品进行加工以提高产品附加价值，改变产品易腐性特性。为保留农产品的鲜活性，保持其价值，仓储和运输条件也必须进一步改进。农产品众多的产品特性决定了不同行业的农业产业适合于不同的农业产业化组织形式。

4. 良好的市场秩序。适度竞争和完善的市场秩序是建立市场经济的基础。竞争能够实现资源的优化配置，但是过度的市场竞争又会带来很多弊端，会扰乱市场秩序，并造成资源的浪费。因此，建立完善的市场秩序和竞争秩序尤为重要。在农业产业化中，我们一方面要制定相应的法律法规约束市场主体的行为，使其行为符合市场化的规则；另一方面，在市场交易中，要杜绝假冒伪劣、缺斤短两等现象，规范市场交易客体行为。组织形式的发展与完善离不开市场的发育程度，而完善的市场经济体系是组织形式发展的前提和基础。农业产业化经营组织形式要想得到发展和完善，其市场体系建设就显得至关重要。市场发育程度决定着农业产业化组织形式的发展。农产品的鲜活性和易腐性的特点，决定了交通运输业、仓储业等第三产业必须发展起来，才能保持农产品的可持续销售。也就是说，第三产业发展对于农产品或者说农业的发展至关重要。如果一个地区经济发展水平相对较高，那么它的市场发育程度和市场体系建设也会相对完善，各种第三产业发展也会相对较好，这将为龙头企业带动型、专业市场带动型和中介组织带动型农业产业化组织形式的发展提供极大的便利，更有利于推动这三种形式的发展与完善。

（二）影响农业产业化组织形式效率高低的内部因素

1. 组织内部的运行成本。组织内部的运行成本是指从一种组织形式的设计到最终组建完成所花费的所有成本。成本支出的高低直接影响一种组织形式运行的效率，进而决定着该组织形式的成功与否。如果一种组织形式的运行成本过高，甚至获得的收益还无法支出成本的话，那么，要想建立和推广这个组织形式就几乎不可能。一般说来，组织形式的运行成本主要包括为组织该形式所进行的专用性投资以及为维护利益体内各成员之间的关系所花费的各种费用。

规模经济按其来源可以分为组织内部规模经济和组织外部规模经济。内部规模经济指的是工厂、企业本身的因素引起成本的节约与效益的增加；外部规模经济是指实现内部经济性所需要的外部有利条件，包括市场容量、资源条件和资金筹措等的变化所引起的成本节约与效益增加。外部规模经济包括"地区集中化经济"与"城市化经济"。龙头企业带动型、专业市场带动型和中介组织带动型都可以通过专业化分工提高产出水平，并通过共享公共设施获取规模经济带来的好处。从规模经济的角度看，较易形成规模经济的组织形式，其组织的效率也相应较高。

率先掌握和运用新技术的企业组织要想获得高额的利润回报，必须迅速将这种优势转化为竞争优势。技术与组织是相互依存、相互渗透的。一方面，技术能够改变一个组织的目标、结构、形态和习惯，例如，信息技术的渗透会改变组织管理、内部流程及结构，并因此提高组织的运行效率；另一方面，组织都会建立和发展技术创新体系，提升企业的创新力、竞争力和创造力。为提升技术革新的速度，企业会投入更多的研发资金，不过这需要通过对资本、原材料和人力资源进行有效配置来获得资金的保证。因此，技术创新体系较为健全的组织，其运行效率也相对较高，竞争力也较强。

风险机制是市场机制的基础机制，市场经营必定有风险，在市场竞争中，任何经营主体都面临着盈利、亏损和破产的风险。风险机制也是一种驱动市场主体发展的动力。农业产业化发展中,各经营组织如何应对农业生产中出现的风险、建立农业风险管理机制、建立"风险共担、利益共享"的机制,直接关乎农业产业化经营的经济效益。

交易费用有狭义和广义两种。狭义的交易费用包括契约签订前的成本支出、契约签订过程中的成本支出和契约履行过程中的成本支出。广义的交易费用则指协调交易活动的一切费用,除了契约签订前、签订中和履行契约的所有费用外,还包括完成具体交易的其他费用。不同农业产业化组织形式对交易费用的节约程度存在较大差异,一般来说,相对于农户小规模分散经营而言,这三种组织形式都能在一定程度上降低交易费用。

资产专用性是指用于不能移作他用,锁定特定用途,或若改作他用后其价值会降低甚至可能完全丧失的资产。就农业产业化经营而言,具有专用性资产特性表现在企业前期对农户的固定资产投入。在缺乏相应的监督机制或者监督机制不够完善时,企业将面临违约的风险。对于专用性很强的资产,企业通常会将该种资产内部化。因此,龙头企业带动型、专业市场带动型和合作组织带动型都能够通过较好地解决资产专用性问题而提高效率。

在任何组织中,其成员的素质直接决定着组织的成长。组织成员作为组织的重要组成部分,素质的高低影响着组织的内部治理秩序和规则制定。农业产业化组织成员的行为主要包括企业的行为、农户的行为、合作组织等一些中介的行为,具体是农户和企业各自的履约状况、合作组织等中介一些内部管理与治理状况以及农户的努力程度。组织成员行为主要取决于一种组织形式所提供的激励和约束机制,进而影响到组织形式的效率。

2. 组织内部的交际成本。交易费用受合作方式选择的影响,具体的合作方式还决定了农民在这个组织形式中的地位。选择正确的合作方式,既能更好地衔接农户生产与市场,提高生产效率,还能提高组织内部管理运行的效率。具体的合作方式影响着农户在该组织形式中的地位,农户地位的高低决定了其利润分配的多少。在专业市场带动型中,农户根据市场的需要组织生产,农户和专业市场之间是相互独立的关系,农户利润的获得是根据产品的销售数量而来的。在龙头企业带动型中,从事农产品生产的农户与企业的生产、加工、销售会以契约形式结合起来;在以合作社为主的中介组织带动型中,合作社是农户的自愿联合,社务由全体社员协商,农户是合作组织的参与者,也是拥有者。

利益分配制度是一个组织制度的重要组成部分，完善的利益分配制度除了要实现各利益主体利益最大化，还要兼顾相关各方的利益。利益分配制度是决定组织形式效率的重要因素，它既决定着一种组织形式内部各利益主体之间的关系，也影响着组织中成员工作的努力程度。利益分配方式主要有按契约分配、按要素（资本和劳动）投入量分配和按交易量分配三种类型。龙头企业带动型实行按契约规定分配的方式，如果合同的双方都履约的话，可以有效地控制和防范市场风险，进一步减小双方违约的风险。中介组织带动型实行按股分配和按交易量分配的双重分配方式，农户能够获得两方面的收入：一是农户自己从事农业生产的正常收益；二是获得分红。

激励机制是组织者为了使组织内部各主体的行为能够符合组织发展的目标，在法律法规的范围内，根据人们的价值取向和当地文化环境等，对组织内部主体的行为从物质、精神等方面进行激发和鼓励。在龙头企业带动型中，农户和公司要依靠契约联系起来，建立起相应的激励机制，提高农产品的收购价格。在专业市场带动型中，农户根据专业市场的需求组织农业生产，专业市场和农户的效益既取决于交易的数量，也取决于农户生产的积极性。因此，专业市场会采取一定的激励制度来提高农户的生产积极性，以获得更好的收益。在以合作组织为主的中介组织带动型中，农户既是该组织的成员也是该组织的所有者，农户的收益与组织的效益直接挂钩，农户按照其与合作组织的交易量取得的二次返还会形成对农户很好的激励，合作组织的效益越好，农户的收益也就越高。

组织正常有序地运行离不开有效的监督。组织内部各成员能够履约完成契约所规定的内容，离不开有效的监督。有效的监督机制能够帮助组织内部各成员完成自己的本职工作，从而规范他们的行为，这样组织才能获得更好的收益，因此，监督机制是否完善也影响着组织形式的选择。在龙头企业带动型中，公司依照契约对农产品进行收购，但是公司需要面对千千万万个农户，为防止农户们违约而设立监督机制较为困难，就算设立了，也必然付出高昂的成本。在农产品的市场需求或是市场价格发生重大变化时，这种形式就会面临着农户或公司的违约行为。在专业市场带动型中，农户是根据专业市场的需求组织生产，他们处于相互独立的生产关系，农户所生产出来的产品全都归自己所有。在生产过程中，农户依照市场的要求进行生产，专业市场可以对农户的生产行为进行有效的监督，但监督费用较高。以合作组织为主的中介组织带动型中的农户是组织的成员，也是组织的所有者，组织决定某种生产活动或者改变农产品生产类型，是组织成员共同决定的结果，农户会自觉遵守组织的规定，农户与农户之间也可以进行相互监督。

（三）发展农业产业化的政治与经济目标

农业产业化是农业生产的一种组织形式和运行机制，它标志着我国由计划经济下的传统农业向市场经济下的现代农业转变。在我国，政府鼓励发展农业产业化至少应该包含政治和经济双重目标。

1. 政治目标。

第一，发展农业产业化是农业农村现代化的现实需要。农业产业化的发展可以维护现行农业生产制度和农村地区的稳定，实现农村和谐发展。农村地区的稳定是整个社会稳定的基础，而解决好"三农"问题、实现农村和谐发展更是全面建设社会主义现代化国家新征程中的应有之义。我国当前以家庭承包为基础的农业生产经营制度有利于农村地区的稳定，并将长期保持不变，这是我国发展农业产业化的基本制度前提。发展农业产业化是解决农村剩余劳动力的途径和促进农村城镇化建设的动力依托。在我国城乡二元结构背景下，人均土地资源少，农村存在数以亿计的剩余劳动力，庞大的农村人口在农业内部很难得到消化。农业产业化组织可以在改变传统农业生产方式的同时，促进产业链的延伸和拓展，通过建立生产、加工、销售一体化组织吸引农民就业，解决农村剩余劳动力就业问题。另外，农业产业化也将推动农村地区第二、第三产业的发展，从而有利于加快农村城镇化进程。在农业产业化进程当中，农业产业化的实施有助于集中农村地区大量劳动力，通过农业产业化方式如新型合作社、相关农村企业促进当地经济的发展，最终促进本地区农村城镇化进程。①

第二，发展农业产业化是维护农民权益、夯实农村基层政权稳定的基础。

---

① 郑伟. 农村城镇化与农业产业化联动性分析 [J]. 中国农业资源与区划, 2016 (4).

农业产业化组织可以把分散的农户整合起来，增加政府与农民沟通的渠道。通过这一渠道，政府可以加大对农村地区及农业的支持力度，增加对农村地区的管理手段，改变农村居民的生活方式，从而进一步促进农村社会稳定。发展农业产业化能够增加农民的话语权、推进农村基层民主制度建设和民主化进程。在我国广大农村，农村经济和社会发展迫切需要推进农村基层民主政治建设，而发展农业产业化组织，能够激起农民参与的意识，且利用组织这个中介，能够增强农民的话语权。

第三，发展农业产业化是推进政府职能的转变与管理方式的变革从而提高政府服务质量的现实考量。政府作为一个理性的政治实体，必须考虑社会各阶层对其自身利益的影响，考虑和协调各阶层的诉求，才能获得政治支持的最大化和财政收入的最大化。农民通过加入农业产业化组织中，组织起来面对政府比单个的个体面对政府更容易表达自己的诉求。

2. 经济目标。

第一，发展农业产业化是有效增加农民收入、提高农民生活水平的动力。2019 年全国居民人均可支配收入 30 733 元。其中，城镇居民人均可支配收入 42 359 元，农村居民人均可支配收入 16 021 元。按全国居民五等份收入分组，低收入组人均可支配收入 7 380 元，中间偏下收入组人均可支配收入 15 777 元，中间收入组人均可支配收入 25 035 元，中间偏上收入组人均可支配收入 39 230 元，高收入组人均可支配收入 76 401 元。全国农民工人均月收入 3 962 元。[1] 在城乡二元结构背景下，我国农村与城市发展存在差距，要解决农村、农民和农业问题，最根本在于转移剩余劳动力和增加农民收入。但由于我国传统农业无法适应国际化的脚步，在国际化趋势的冲击下，农业比较效益低下，农民就业不稳定，农民很难从农业中获得持久的收入。

第二，发展农业产业化是实现农业生产专业化和规模化的前提。我国自给自足农业生产方式的主要特征是小规模、多品种生产，这导致农业生产率的极度低下，也阻碍了农业商品率的提升。农业产业化有助于实现农业生产的专业

---

① 国家统计局网站. 中华人民共和国 2019 年国民经济和社会发展统计公报 [EB/OL]. http：//www. stats. gov. cn/tjsj/zxfb/202002/t20200228_ 1728913. html.

化和规模化以及农产品生产布局的区域化，使农民改变过去小农式的生产方式。农业产业化有助于优化农业产业结构、构建高效农业体系，例如，积极调整农业内部的农、林、牧、渔结构，农作物种植种类的结构调整和初级农产品生产与加工之间的结构调整等。它能使各个区域找到自己的资源优势，并积极寻求企业的联合，获得企业的扶持、帮助和支持，生产出属于自己独特的农产品，并依托企业进行加工，延长农业产业链，进一步使农业内部结构不断优化。我国家庭联产承包责任制尽管大大激发了农民生产的积极性，但是无法避免市场经济所要求的大规模、专业化生产的要求，它无法改变小农式的生产方式。在农业产业化实践的过程中，发展起来的各种农业产业化组织通过契约、一体化农产品生产和加工企业以及农村合作经济组织，有序地与大市场建立联系，将分散的农户有效地组织起来，逐步实现市场经济所要求的大规模、专业化生产。

第三，发展农业产业化能够分散、防范和化解农业生产风险。不同于工业生产，农业生产具有自然再生产与经济再生产的二重性。这一根本特性使农业生产易受天、地、人、物的影响而表现出强烈的地域性特征，我们必须因地制宜地布局农业生产。① 农业本身是一个弱质产业，它承受着来自自然和市场的双重风险。单个农户无法与组织相比较，单个农户与公司相比而言，自身资本小，信息不畅，不能及时防范和化解风险与危机。实行农业产业化后，农民加入产业化组织中，他们可以利用组织的优势及时掌握各种市场信息，以规避市场风险，还能借助组织强大的资源和资金优势有效地防范和化解各种自然风险，能够吸收和采用更多先进的技术，以实现农业的机械化和规模化，提高动植物病虫害防治水平，提高农业的科技水平，提高我国农产品在国际市场上的竞争力。农业产业化组织可以凭借自身优势，有效发挥新技术增产、增效的潜力，加快农业科研成果研发和新的农业生产技术向生产实践的传播。农业产业化组织这个中介还有助于实现大专院校、科研单位和农户的有效联合。发展农业产业化是实现农村地区小生产与大市场有效接轨的保证。

---

① 牛敏杰. 基于生态文明视角的我国农业空间格局评价与优化研究 [D]. 北京：中国农业科学院，2016.

三、我国农业产业化组织形式的比较分析

上述农业产业化组织形式效率的影响因素分析表明，外部因素决定着各组织形式在我国各区域、各产业的适应性，并通过这种适应性影响各组织形式的运行效率，属于影响组织形式选择的环境效率变量，且它由制度供给、自然禀赋、产业特性及市场发育程度四个因素决定。发展农业产业化的目标决定了各种组织形式对我国实现农业产业化的政治和经济目标的适应性，属于影响组织形式选择的目标效率变量。内部因素主要通过组织形式的成本、组织内部制度来影响组织形式的运行效率，属于组织形式选择的运行效率变量。其中，组织形式的成本取决于构建成本、规模经济、交易费用以及资产专用性四个因素。组织内部制度取决于风险机制、合作方式、利益分配机制、激励机制、监督机制及技术创新体系等因素。

（一）环境效率变量比较

1. 经济发展水平与环境效率变量。经济发展水平与制度供给、市场发育程度等密切相关，因此，它可以被看作外部因素中的一个综合因素。从发达国家农业产业化发展的经验来看，农业产业化组织形式的变迁与经济发展水平存在密切的关系。回顾发达国家农业产业化的发展历程，农业产业化从诞生到逐步走向成熟一般都经历了三个阶段。农业产业化发展阶段的变化，也都伴随着农业产业化主导组织形式的变化。（1）初级阶段。该阶段的农业产业化主要是以龙头企业带动型为主导形式。（2）发展阶段。在这个阶段，龙头企业带动型的作用有所下降，与专业市场带动型和合作组织带动型三种组织形式并存。（3）成熟阶段。在这一阶段，合作社的实力进一步壮大，并出现了合作社与大型农业公司之间相互渗透，合作组织带动型成为主导形式。

由此可以看出，各种农业产业化组织形式都与不同的经济发展水平相联系。龙头企业带动型对农业生产的外部环境、科技水平、土地的需求等都比较低，与农业产业化水平比较低或者是农业生产比较落后的情况相适应。随着我国城市化水平的逐步提升，农业劳动力将越来越多地脱离农业，并引起农业用地的适当集中，这将使专业市场带动型在农业产业化中的作用进一步提升。合

作社组织带动型作为世界上主要的农业产业化组织形式之一，对土地集中度并没有很严格的要求，分散的小农经营比较适合合作组织的发展。家庭承包经营责任制是我国基本农业经济制度，从长远来看，随着我国经济发展水平的进一步提升以及农民专业合作社的进一步发展壮大，该制度也将为我国发展合作社带动型农业产业化组织形式创造良好的发展环境。

2. 区域差异与环境效率变量。我国的国情跟西方国家不同，我国东、中、西部地区呈现梯次发展格局，其自然禀赋和经济社会发展有较大差异，这决定了我国农业产业化发展也会存在着严重的地区不平衡，导致不同区域的环境效率变量差异很大，各区域制度供给状况、自然禀赋、市场发育程度等都明显不同。因此，在依据环境效率变量选择我国农业产业化组织形式时，我们必须要考虑各区域之间的差异，根据各个地区由环境效率变量所决定的不同农业产业化组织形式在该区域的适应比，有所侧重地选择适合本地区的农业产业化组织形式。

就我国东南沿海的一些发达地区而言，其经济水平比较高，科技力量较强，已经形成大量有实力的龙头企业，在土地经过流转并适当集中的基础上，龙头企业带动型组织形式会成为该区域农业产业化的主要组织形式。同时，这些地区应进一步倡导农民之间的合作，鼓励和扶持农民专业合作社的发展，壮大合作社实力，引导现有合作社之间的联合，积极鼓励合作社兴办农产品加工企业，推动合作社组织带动型的形成和发展。而对于经济发展水平相对较低的西部地区而言，由于资本相对匮乏，其科技力量较弱，土地流转规模小，集中程度较低，该区域的农业产业化组织形式在较长时期内将主要以龙头企业带动型为主。由于农村合作经济组织的发展受区域经济发展水平的制约相对较小，该区域近年来农村合作经济组织发展也较快，这为合作社组织带动型在该区域的发展创造了条件。

（二）组织目标运作比较

从这三种组织形式基于目标效率的实现来看，龙头企业带动型较好地兼顾了现行农业生产经营制度这一政治目标和提高农民收入及实现专业化、规模化生产的经济目标；专业市场带动型可以在很大程度上实现经济目标，在提高农民收入、实现农业专业化和规模化、提高农业效率和分散、防范和化解农业风险的目标效率方面效果较好，但对政治目标的实现，发挥的作用较小；合作组织带动型很好地兼顾了政治目标和经济目标。

（三）组织运行效率比较

资源禀赋理论认为，地区间差异体现在自身要素禀赋的非同质化，地区间产品生产应利用要素差异强度，根据市场需求对生产要素如地区内的土地、资本等进行合理配置，同时利用本地区充裕生产要素生产和供给需求方稀缺产品。[①] 不同农业产业化组织形式由于成本、风险分担机制、剩余索取权安排不同，其运行效率也存在差异。就运行成本这一指标而言，这三种农业产业化组织形式中龙头企业带动型是最高的。就运行成本、规模经济、交易费用、资产专用性、风险机制、激励机制、监督机制、技术创新体系而言，以合作组织为主的中介组织带动型是较好的。从各组织形式运行效率变量的比较看，以合作组织为主的中介组织带动型的运行效率较好。虽然在综合考虑环境效率变量、目标效率变量和运行效率三个方面因素基础上农业产业化组织形式比较好的是以合作组织为主的中介组织带动型，但是我国经济社会发展水平不一，城乡差距、区域差距较大，各个地方资源禀赋不同，这就决定了我国农业产业化组织形式的选择不能搞"一刀切"。我国农业产业化组织形式的选择只能依据经济发展水平以及各区域、各产业的特点，选择与其相适应的形式。

第三节　我国农业产业化组织形式困境分析

实施农业产业化经营以来，其组织形式不断创新与完善，促进了农业产业结构调整，使产业布局进一步合理，也促进了农民增收。但是，我国农业产业化组织形式在发展的过程中仍面临着市场机制不健全、利益联结机制不畅通、组织治理机制不完善、组织发展资金缺乏等问题。本书基于对以上三个案例的

---

① 张红丽，温宁．西北地区生态农业产业化发展问题与模式选择［J］．甘肃社会科学，2020（5）．

分析以及对组织效率理论的影响因素、目标实现、运行效率等的剖析，探讨我国农业产业化组织形式存在的问题。

一、市场体制机制不健全

健全的市场机制是农业产业化组织发展的重要保证。改革开放以来，随着我国经济体制改革的深入发展，改变了过去自然、半自然的农业经济状况，越来越多的剩余农产品开始出现，严重地冲击了农业经济的发展。当前，我国市场化程度相对较低，农业也是如此，这在一定程度上抑制了农业产业化的发展，使农业产业化组织发展难以取得预期理想的效果。农业产业化的实质就是农业的市场化，农业产业化通过产业链的延伸，提高了农民的组织化程度，改变了农民相对弱势的社会地位，提升了农民在市场交易中的话语权，节省了交易费用。我国目前正处于体制转型时期，社会主义市场经济体制还不完善。毋庸置疑，发展农业产业化经营必须打破体制障碍。在自然经济和计划经济条件下，农产品都是按计划生产和分配，农户不需要面对市场。随着市场经济的改革，农业商品化程度越来越高，农产品市场交易越来越多，农户无法与大市场进行对接。单打独斗的农户显然不能抵御各种市场风险，无法适应市场经济的发展，于是农业产业化出现了。目前，在我国农业产业化组织中，其参与经营的经济主体相对独立，农业产业化组织中也不缺乏这些参与主体。而城乡二元结构体制导致了城乡市场分割，也使农业产业发展中的区域和地方存在产品结构与产业结构雷同，这无形中割裂了农业产业化经营的市场纽带。在农业产业化组织形式发展中，市场的作用体现在何处？首先，在龙头企业带动型组织形式中，由于市场机制不健全，带来市场信号扭曲和失真，导致不能进行合理的区域分工，进而也就不能形成比较优势的龙头企业，并积极去开发新的产业群。其次，在专业市场带动型中，专业基地建设是关键。种种市场壁垒会直接减缓商品基地和专业市场的建设；市场交易的不确定也会大大降低专业市场的开拓能力。最后，在以合作组织为主的中介组织带动型中，市场中介组织发育不全，一些管理和治理相对滞后。

二、利益联结机制不健全

利益联结机制是农业产业化的核心。完善的利益联结机制是农业产业化持续发展的内在动力。① 不同的激励与约束机制，诱导组织整体有着不同的经济行为，最终导致经济组织的绩效不同。也就是说，良好的利益机制是实现组织目标的前提。在市场经济条件下，农业产业组织的各个主体都是"理性的经济人"，都要追求自身利益的最大化，农业产业化要求其组织内部成员之间组成利益联合体，这是因为共同利益是实现组织和参与主体利益最大化的保证，也是联结不同产业组织的条件。利益机制是制约和调节各经济主体之间在利益方面相互作用和相互联系的一种机制。在龙头企业带动型中，由于公司掌握着对农户而言属于稀缺资源的资金、技术、管理和营销渠道等的分配和选择权，所以公司与农户在利益分配上就难以真正处于平等地位，无法形成真正利益共同体。而且，在合同的实施过程中，企业与农户经营目标不同，当有利益纠纷发生时，分散的小农就会成为企业转嫁风险的排头兵。另外，企业需要面对的是千千万万个农户，设立相应的监督机制比较难，即使设立了也要为此付出很高的监督成本，因而得来的收益也未必能弥补这一成本。同时，在这一组织形式中，企业与农户的博弈通常是一次性博弈，市场价格的变化极易引发农户或龙头企业在履行契约时的机会主义行为，由此导致的企业与农户之间的毁约事件屡见不鲜。在专业市场带动型中，农户、基地与专业市场之间大多数是一种隐性契约，当受到一系列因素影响，市场价格发生变化时，该组织形式很难保证农民进入交易市场。在以合作组织为主的中介组织带动型中，虽然合作组织自己不以营利为目的，但是合作组织的盈余如何处理，利润应该如何分配，还有待商议。如若分配不合理，很难保证其可持续发展。这种组织形成需要的时间较长，形成较大规模的产业慢，产品加工程度低，农户既是组织的财产所有者，也是生产者，受到市场供求的变化和影响，既想高价出售农产品，又要多分配，实属不易。

---

① 邵腾伟. 现代农业家庭经营的共享化组织创新研究［M］. 成都：西南财经大学出版社，2017：89.

三、组织治理机制不完善

完善的组织治理机制能保证组织目标的实现，组织目标既有着经济目标也有着政治目标。龙头企业带动型、专业市场带动型和中介组织带动型三种农业产业化组织形式组织内部治理机制不完善。在我国农业产业化组织中，龙头企业带动型中某些龙头企业虽然依据自身完善的管理、先进的科技而生产出高质量的产品，且使产品畅销海内外，但是同时也存在管理不善的问题，主要是一些龙头企业的带头人本身素质不高，很难与农民达成良好的合作，甚至还有一些合作是基于家族亲情而连接起来的，明显不符合现代企业制度的管理规范。在专业市场带动型中，专业市场内部约束机制不明确，组织很难去约束进驻交易市场的农户，只是通过灵敏的价格指导农民生产，帮助农民提升销售。完善的治理机制和管理能够指导农民如何科学种植，如何在种植和生产过程中加强对化肥农药含量的控制，从而积极应对国外的各种"绿色壁垒"，拓宽海外市场。在以合作经济组织为主的中介组织带动型中，大部分合作经济组织的产权结构大户、企业、机构或市场组织等为主要投资者，部分农民参股，这就造成了少数大股东会主导合作组织发展的局面。由于资本地位的不一样，大股东和一般加入合作经济组织的农户身份难以等同，二者很难拥有平等的话语权。近年来，虽然我国规范合作经济组织发展的法律法规逐步明确，但合作经济组织在践行方面需要进一步完善。合作经济组织虽然成立了成员代表大会、理事会和监事会等，但资本所有者掌握了话语权。目前，中国运作较规范、达到一定示范标准的农民合作社较少，合作社对农民的组织引导作用有限。[①] 据统计，截至 2016 年底，中国在工商部门注册登记的农民合作社已达到 174.9 万家，其中，达到县级及以上示范标准的只有 13.5 万家，达到国家级示范标准的只有 8 000 余家[②]；农业产业化组织约为 38.6 万个，带动了逾 1

---

① 孙晓杨，郑军. 农业相互保险制度环境的"三重维度"——中国与法国的比较及启示 [J]. 中国农村经济报，2017（6）.

② 中华人民共和国中央人民政府网站.《全国依法登记的农民合作社达 174.9 万家——新型主体唱主角适度规模有效益》[EB/OL]. http://www.gov.cn/xinwen/2016－11/23/content_5136426.htm.

亿农民的农业生产。①

四、产业组织发展不平衡

区域差异是农业产业化组织形式发展的重要变量。就农业产业化组织来说，我国东、中、西部地区经济社会发展呈现梯次发展的格局，这也从某种程度上决定了我国农业产业化组织的走向和趋势。在政府提供农业（准）公共产品和服务的基础上，农业产业化立足于欠发达地区农业特色资源和优势产业，通过提升产业分工协作水平和优化利益联结机制，将各类农业生产要素、农业生产经营主体有序纳入农业产业链体系，进而提高农业产业链竞争优势、完善扶贫产业益贫传导机制、支持贫弱农户获取产业增值收益，最终从根本上帮助欠发达地区和底层农户改善生计资本，实现可持续减贫增收。② 产业组织分布不平衡，地方、区域和行业界限明显，使有效的经营网络难以形成。这样会增加组织面临的风险，也不可避免地会影响到组织内部的农户。如部分区域受经济影响，龙头企业无论是从数量上还是从规模上都非常有限，如何带动农民去提升产业化经营的成效和提升收益？如何与国外的龙头企业和农业去竞争？还有的龙头企业农产品转化层次低，加上它们之间的无序竞争，很难真正成为农业产业化产业利润的直接创造者。专业市场的建设不仅受经济发展的影响，还受投资主体和当地农产品特色种植的影响，其规模和分布必然受到其影响。合作组织的发展受经济发展的影响，不仅区域的合作组织发展水平和规模不一样，产业链的延伸与互补也受到较大影响。

五、组织发展资金不充足

国家积极鼓励农业产业化的发展，其产业组织发展得到了一定的政策扶持，但是国家资金有限，在投入上只能扶持一些有代表性的产业化组织，大多

---

① 《全国农业产业化组织总数达38.6万个》［EB/OL］. http：//news. xinhuanet. com/politics/2016 -
07/26/c_ 129177445. htm.
② 陈嘉祥. 我国欠发达地区农业产业化的减贫效应［J］. 山西财经大学学报，2020（10）.

数产业化组织存在资金困难的问题。市场经济导致了资本的流向总是那些回报率高的行业和部门，许多资金流向城市工业和服务业，不仅造成了农村资金、土地、技术、劳动力等各种资源的流失，也造成了农业比较效益低下。随着农业产业化经营规模的扩大，组织形式发展日渐成熟，农业必然实现产业升级，这需要大量的资金支持。例如上文所述的广东省惠东县四季鲜荔枝专业合作社发展的资金瓶颈可以说是我国合作经济组织普遍遇到的困难，尤其是资金规模不大，缺少启动资金和畅通的筹资渠道，致使合作社难以运转，进而大大削弱了合作社初始设计的功能。随着更多农户的加入，合作社的进一步发展，为扩大种植规模，避免农产品生产的雷同化，合作社必须不断引进新品种和新技术，并积极进行示范，但没有资金是无法解决的。由于资金不足，合作社不仅连这些问题都无法解决，甚至无法使自己的产品在市场上快速占据有利地位，只能从事一般的初级销售，只能少量地获得一些产品提升的附加值，不能延伸其产业链。专业市场建设是以政府、企业或私人出资建设或管理，收益是以进入市场交易的数量来决定，其成本的回收需要较长时间，其间专业市场的正常运转和扩展都需要有资金积累。在龙头企业带动型中，产业化经营企业融资渠道非常有限，只能按照国家政策要求去获得农业发展银行或农信社的一些资金支持；农户获得的资金支持也非常有限，只能从信用社获得一些小额贷款。当前，中国农村有大量的新型农业经营主体因无法维持持久的投入而倒闭，主要原因是新型农业经营主体很难获得金融支持。①

---

① 孔祥智，周振. 新型农业经营主体发展必须突破体制机制障碍 [J]. 河北学刊，2020（6）.

第六章 乡村振兴背景下农业产业化组织形式的发展路径

农业产业化是促进产业互动以及实现农业农村现代化的重要内容，是推进乡村振兴的重要纽带和组织载体。农业产业化组织效率的高低决定了农业产业化的发展。本书在借鉴学术界对我国农业产业化组织形式划分（龙头企业带动型、专业市场带动型和中介组织带动型）的基础上，结合案例及运用组织效率理论，构建分析框架对这三种组织形式进行比较分析，探讨我国农业产业化及其组织形式发展的动力与困境。按照高质量发展要求不断完善和创新我国农业产业化组织形式，需不断完善龙头企业利益联结机制，实现城乡产业互动；积极支持专业市场组织农民，助推现代农业发展；强化合作组织中介创新发展，筑牢联结城乡纽带；厘清市场与政府职能，完善农业产业化制度保障；深化金融体制的改革，拓展农业产业化融资渠道。

第一节 乡村振兴背景下农业产业化组织形式发展与创新的原则

农业产业化组织形式的发展是实现农业农村现代化的组织依托，农业农村现代化是乡村振兴的基本要义。农业农村现代化是乡村振兴乃至整个国家现代化的基础。只有通过农业农村现代化，大力发展农业生产力，才能为乡村振兴提供源源不断的物质基础。也只有实现农业农村现代化、实现农村的繁荣富强，才能最终实现整个国家的现代化。农业农村现代化是乡村振兴的根本目的。没有农业现代化，农村现代化就没有基础。没有农村现代化，农业现代化就没有依托。两者协调推进，互为一体，共同构成了乡村振兴的总目标。① 为此，我们要不断地鼓励和完善农业产业化组织形式的发展，并积极创新。

一、农业产业化组织创新是乡村振兴的基础

乡村振兴的过程就是城市与农村功能双向渗透、密切城乡产业关系、农业产业在城乡之间不断构建的过程。农业产业化是实现城乡一体化的产业基础和保证。为此，要实现城乡一体化的目标要求，农业产业化的发展理念是关键，组织创新是动力。② 产业化经营是农业现代化的重要内容，随着规模化和专业化生产，农业开始实现生产、加工和销售联合的产业体系，不断完善利益或产权等联结，逐步实现农业产业化和现代化。农业产业化、现代化是与农村工业化、城镇化相伴而生，互为条件的统一过程。传统的农业主要是从事初级农产品原料的生产，而农业产业化能够不断地延伸产业链，使农业、工业和商业联系更加紧密，使农业突破农业的界限，向第二、第三产业融合，这必将促进城乡融合，逐步实现城乡经济社会一体化。城乡二元经济结构所派生的经济社会管理体制尚未打破，造成了我国农村生产要素持续流失，也使我国农业和农村发展长期滞后。实施工业反哺农业、城市支持农村的方针，既是实现农业产业化和现代化的动力和依托，也是推进我国农业产业化和现代化的当务之急。

二、选择农业产业化组织形式应遵循的原则

（一）根据不同的产业经营对象选择农业产业化组织形式

传统的农业经营对象仅仅是农户，而实施产业化经营后，经营对象扩大为农户、龙头企业、专业市场或合作社等，这些对象在农业产业化发展中具有不

---

① 王连花. 习近平乡村振兴思想略论 [J]. 湖南农业大学学报（社会科学版），2019（1）.
② 朱晓华. 农业产业化进程中农业组织创新的对策探讨 [J]. 北京农业，2011（6）.

同的作用和地位，农户处于相对弱势的地位，龙头企业、专业市场或合作社处于相对优势的地位。例如，龙头企业是参与产业扶贫的新型经营主体中的一员，一头连接千家万户的农民，另一头连接着纷繁变幻的市场，企业的中介作用有助于增加贫困农户的收入。但实际上，龙头企业在多元主体的博弈中掌控大量市场资源，难以兼顾扶持贫困农户的社会责任，出现了逐利行为。[①] 因此，这些产业经营对象的不同社会地位和作用，决定了其在生产、交换和消费过程中所处的地位也不一样。那么，我们在产业经营的组织形式上，不能一概而论，应根据具体问题具体分析来选择不同的适合的组织形式。

（二）根据不同的产业发展阶段选择农业产业化组织形式

产业发展会存在不同的发展阶段，农业也不例外。不同的发展阶段其表现形式也不一样，这就决定了我们应在不同的发展阶段选择不同的组织形式来进行产业化生产。当一个产业发育还处于初级阶段的时候，它的市场带动能力必然有限，这就决定了在选择组织形式时应侧重于突出解决市场带动能力弱的矛盾；而随着产业发育到相对成熟的阶段时，已经不是简单的市场带动能力差的问题，主要的矛盾和问题集中在产品质量、生产规模效应等。那么，在这种情况下，其组织形式的选择应该注重建设现代企业制度，以突出解决这些矛盾。

（三）根据不同的产业发展动态选择农业产业化组织形式

任何事物都是在原有基础上逐渐完善和发展，是一个渐进的过程。农业产业化是一个动态发展的过程，其组织形式也是如此。借鉴成功的经验是发展农业产业化组织形式选择的起点，在这个起点上我们可以根据当地市场经济发展的不同程度不断去创新适合本地的组织形式，并动态研究各种组织形式的优缺点，在趋利避害的基础上逐渐探索理想的组织形式。[②] 农业产业化经营主体根据内外部环境、正式与非正式的互补性制度的变化，适时调整组织形式，避免"一劳永逸"与路径依赖，以便实现农业产业化组织形式选择的动态最优化。

---

① 焦芳芳，刘启明，武晋. 基于"权力—利益"框架的农户参与问题研究——以 L 县"企业 + 基地 + 农户"香菇产业扶贫模式为例 [J]. 甘肃行政学院学报，2018 (6).

② 梁静溪，孙庆. 农业产业化经营的规模化组织选择与发展 [J]. 学习与探索，2010 (1).

三、我国农业产业化组织形式创新的原则

(一) 因地制宜，扬长避短

我国地域辽阔，各地自然、经济状况差异较大，农户经营的组织化程度也不尽相同，在组织形式创新发展上，要立足于我国各地农业发展不平衡的实际，以及不同地区、不同发展水平农业的现实情况，在农业产业化发展中坚持因地制宜、循序渐进，采取灵活多样的农业组织发展形式。如前所述，沿海经济发达地区、中部地区和不发达地区，农业产业化进程差异较大，一种组织形式不可能穷尽所有地方发展，因此，农业产业化组织形式的创新要遵循自然规律和经济社会发展规律，采取符合当地经济社会发展条件和农业生产力发展水平的农业产业化组织形式。

(二) 尊重农民的首创精神

习近平总书记曾深刻指出，乡村振兴要坚持农民的主体地位，要尊重广大农民意愿，激发广大农民积极性、主动性、创造性，激活乡村振兴内生动力。[①] 农民是乡村振兴的参与者、贡献者、受益者，农民作为农业产业化的主体，对于我国农业农村现代化和乡村振兴具有决定性作用。农民是农村集体土地的经营者和农业生产要素优化配置的决策者，农业资源配置效率和农业竞争力取决于农民的分工分业。农民是农业技术的使用者，要提高先进实用的农业技术在我国农业生产中的应用水平，转变我国农业生产方式，重点在于从事农业生产的农民。农民是农产品的生产者和供给者，提高我国农业生产的商品化水平、优化农业生产结构的关键在农民。因此，我国各个地区在构建现代农业产业化组织的过程中，必须充分重视农民的力量，全面提高农民素质，推动乡村振兴。

(三) 以农户自组企业为主

农户（农民）是农业产业化的主体，我们必须尊重他们的主体地位。农

---

① 习近平. 习近平对实施乡村振兴战略作出重要指示，强调把实施乡村振兴战略摆在优先位置，让乡村振兴成为全党全社会的共同行动 [N]. 人民日报，2018-07-06.

业产业化过程也是不断转移劳动力的过程，农民自己组建企业组织，不仅可以保证农民真正的市场经济主体地位，还可以调动广大农民的积极性，这也有利于团结广大农民为乡村振兴服务。

（四）加强立法，依法经营

随着农业产业化的发展，其完善的法律和法规是农业产业化进一步发展的重要保障。这就要求不断完善农业产业组织方面的法律，使农业产业化经营逐步走向法制化，逐步建立起现代企业制度，逐步完善合作组织的治理结构。政府等相关机构应通过法律规范和资金、组织管理等方面的支持进而培育农业合作组织，将外部动力内部化，使二者的共生关系能够实现自我演化。①

第二节　乡村振兴背景下我国农业产业化组织形式的 发展路径

近年来，我国已形成了一些龙头企业、经营大户、基地和专业市场，组织形式也多种多样。但从整体上看，我国农业产业化组织形式在发展过程中面临着市场机制不健全、利益联结机制不畅通、组织治理机制不完善、组织发展资金缺乏等问题。本书结合国内外农业产业化发展的成功经验，探索乡村振兴背景下我国农业产业化组织形式的发展路径。本书认为，要完善龙头企业利益联结机制，实现城乡产业互动；积极支持专业市场组织农民，助推现代农业发展；强化合作组织中介创新发展，筑牢联结城乡纽带；厘清市场与政府职能，完善农业产业化制度保障；深化金融体制的改革，拓展农业产业化融资渠道。

一、完善龙头企业利益联结机制，实现城乡产业互动

为应对市场风险的冲击与国际竞争，以"龙头企业＋农户"为代表的农

---

① 卢文秀. 农业龙头企业与农户共生演化研究［J］. 新疆农垦经济，2020（10）.

业产业化模式在中国得到了快速的发展。① 据统计，2019 年，全国有农业产业化龙头企业 9 万家（其中，国家重点龙头企业 1 542 家），农民合作社 220 万家，家庭农场 87 万家，带动 1.25 亿农户进入大市场。农产品加工业营业收入超过 22 万亿元，规模以上农产品加工企业 8.1 万家，吸纳 3 000 多万人就业。各类返乡入乡创新创业人员累计超过 850 万人。② 乡村振兴中产业兴旺是重点。农业龙头企业既是推动农村产业发展的重要力量，又是构建现代农业产业体系、生产体系和经营体系的主体，是推进农业产业化经营的关键。推进乡村振兴，必须持续做大做强农业龙头企业。但龙头企业带动型农业产业化组织面临的问题是可持续的发展机制还不太完善、企业与农户共赢的利益机制还没有形成。因此，我们要使龙头企业带动型能够发挥更大的作用，就要加快大中型工商企业进入农业产业化的步伐；加快建立龙头企业带动型的运行机制，提高运行效率；提升龙头企业创新能力，促进龙头企业内涵式发展。

（一）加快大中型工商企业进入农业产业化的步伐

大中型工商企业具有雄厚的资金实力、技术开发能力、市场开拓能力和一定的服务能力，它们介入农业领域，势必根据当地资源优势，选择高科技含量高、投资回报率高的项目，探求提高科技成果转化率的途径，与农业产业化链条上的各个环节形成利益风险共同体。大中型工商企业介入农业，代表了我国今后农村和农业经济发展的基本方向以大中型企业为契机。我们可以通过股份制和股份合作制等形式，拉动外商和农户把资金投向农业生产领域，这有助于解决农业投入不足尤其是长期投入不足的问题。大企业独办或联手兴办有牵动能力和运行效率的龙头企业，可改变中小企业在推进贸工农一体化过程中资金不足的状态。大企业把现代企业管理制度引进农业，可以改变由政府单独出面组织农户生产的传统局面，实现农业生产集团化，推进农业工业化；把市场规则引进农业，可实现产加销一体化和科技成果商品化。大企业还可营造能够保证农业发展和农民利益的新型法人实体，形成以大企业为龙头，以中小企业包

---

① 周力，龙子妍. 市场风险冲击下的契约稳定性分析——基于农业产业化龙头企业隐性违约的视角 [J]. 财经研究，2019（10）.

② 中华人民共和国中央人民政府网站. 农业农村部关于印发《全国乡村产业发展规划（2020－2025年）》的通知 [EB/OL]. http：//www.gov.cn/zhengce/zhengceku/2020－07/17/content_5527720.htm.

括乡镇企业为纽带，联合千家万户，结成优势互补、利益均沾、风险共担的经济共同体。大中型工商企业介入农业，可以有效地促进农业产业化经营向更高层次发展。大中型工商企业介入农业领域，在经营管理方面有一整套规模化的机制，它们介入农业对于改变农业小规模经营以及群龙无首的状况将起到显著的示范作用。

（二）加快建立龙头企业带动型的运行机制，提高运行效率

龙头企业带动型的关键是探寻其内在运行规律，理顺各方面的经济关系，建立起适应市场经济的有效运行机制。这种有效运行机制一旦建立起来，运行效率自然就会大大提高。其运行机制包括以下几个方面。第一，龙头组织机制。以龙头大中型企业为中心，利用利益关系，可吸附产业和广大农户，形成庞大的产业群。在产业群中，龙头企业是活力之源，龙头不强，龙身则瘦，龙尾则散。大企业介入农业，成为农业产业化经营的龙头企业，有利于充分发挥它的自身特点和优势，加快实现贸工农一体化速度，努力提高农业产业化经营水平。第二，利益分配机制。在龙头企业带动型中，公司和农户之间是一种互为市场的关系，这种关系借助于合同契约的形式加以确定，合同制定的本身必须本着平等互利的原则，内容尽可能详尽。农户违约的一个主要原因是利益分配机制不合理，如果龙头企业能够建立起一个比较合理的利益分配机制，使农户获得长期、稳定的收益，则可在一定程度上降低农户的违约风险。[①] 企业可以适当提高合同价格，在市场价格的基础上上浮一定比例。从近期看，企业的利润减少了，但从长远来看，稳定了农产品，树立了企业形象，赢得了信誉，企业损失部分可以从农产品加工增值中获得补偿。第三，创新利益联结机制，探索利益联结的最佳方式。该机制探讨以股份合作制为特征的分配模式，以资本、技术、劳动等要素联合为纽带，吸纳农户以土地、资金等入股，按照投入股金的不同比例进行分配，使企业与农户成为联结更为密切的利益、风险共同体。第四，确定利润返还。龙头企业不仅和农户间有严格的合同契约关系，规定农户提供农产品的数量、质量和收购价，同时也应确定龙头企业价格标准和返还标准，把加工、营销环节的一部分利润返还给农户。这种机制也能较好地

---

① 李彬．农业产业化组织契约风险与创新风险管理［M］．成都：西南交通大学出版社，2011：98．

调动农户的积极性，农户关心龙头企业的经营效果，在所负责的生产环节会尽心尽责。该机制可以确保农户获得农业平均利润，改变农户单纯提供原材料的地位。该机制支持农业龙头企业大力发展农产品加工和流通，并将其利益返还给农民，让更多农民在乡村产业振兴中实现增收致富。

（三）提升龙头企业创新能力，促进龙头企业内涵式发展

党的十九大报告提出加快建设创新型国家的战略部署，强调"创新是引领发展的第一动力，是建设现代化经济体系的战略支撑"。[①] 坚持以创新引领发展、加快建设创新型国家成为引导中国经济发展的重大战略举措。龙头企业具有产权清晰、运行高效的特征，以市场为导向，引入现代装备、现代科技和现代经营管理理念，强化科技研发和创新，提高农业的技术含量、质量水平和产品档次，有助于增强中国农产品的国际竞争力，从而示范带动传统农业向现代农业转变。[②] 第一，强化龙头企业的服务能力和功能发挥，让龙头企业为农民和农业开展定向投入、定向服务、定向收购，为农民提供产前种植、养殖技术和产品销售等服务。第二，提升龙头企业现代经营管理理念，通过举办专题讲座、专家讲座和外出学习考察等形式有计划地培养龙头企业负责人，鼓励支持龙头企业参加各级各类展示展销会、推介会、博览会，拓宽眼界，不断提升企业负责人的素质和经营管理理念。在以"龙头企业＋农户"为代表的农业产业化组织形式中，仅有龙头企业负责人各方面提升还远远不够，要注重引导龙头企业引进高层次人才，并加强对职工的培训，建立一支结构合理且与企业发展相匹配的人才队伍，以提升龙头企业整体素质。第三，加强龙头企业改革，完善法人治理结构，建立现代企业制度。第四，完善龙头企业科技支撑。科技支撑是龙头企业发展的核心竞争力，要支持龙头企业加大研发投入，建立或共建研发机构，使企业能有自主知识产权的品牌，这样才能凸显企业行业优势进而获得利润。为加快农业科技成果转化，龙头企业注重引进高科技项目推动农业龙头企业转型升级。龙头企业要积极推动云计算、大数据技术在农业领域的应用。

---

① 习近平. 决胜全面建成小康社会，夺取新时代中国特色社会主义伟大胜利——在中国共产党第十九次全国代表大会上的报告 [M]. 北京：人民出版社，2017：31.

② 王乐君，寇广增. 促进农村一二三产业融合发展的若干思考 [J]. 农业经济问题，2017 (6).

二、积极支持专业市场组织农民，助推现代农业发展

乡村产业振兴的关键在于农业产业化，其重要实现机制是以专业市场组织农民，形成有竞争力的地方产业。[①] 设施完善、功能完备、管理先进、运营规范的专业市场，可以成为全省或全国专业农产品的价格形成中心、信息传播中心、物流集散中心、科技交流中心和会展贸易中心。农产品流通事关国计民生，搞好农产品流通，对于引导农业生产、保障农产品有效供给、抑制农产品价格剧烈波动、保障农产品质量安全都有着极为重要的作用。因此，我们要大力支持专业市场建设，助推现代农业发展。[②] 第一，当前专业市场带动型农业产业化组织面临的问题是：组织形式比较松散，市场与农户没有形成紧密利益联结体，在市场利益的驱动下，农户由于并没有从专业市场中获得规模利益，脱离专业市场的意愿会增强。因此，我们要改造专业市场带动形式，创新产业化经营形式。第二，目前，该组织形式还存在缺乏深加工能力的问题，我们应围绕专业市场，适时发展深加工，形成"培育一个支柱产业、带动千家万户、促进专业化区域经济发展"的格局。[③] 第三，中国农产品个体生产户较多，物流专业化程度较低，流通环节复杂多样，信息化程度不高，供应链管理过程中缺乏统一的物流制度和体系的专业市场建设。

（一）将专业市场建设纳入城市整体规划

农业产业化需要特定的基层组织方式，可以采用专业市场作为农村产业发展的组织形式，有助于新时期产业振兴的实现。[④] 各个地方政府应按照城市总体规划要求，尽快制定适合于城市商业网点发展要求的可操作性文件。一是明确职责，完善管理，避免政出多门、多头审批。这样有利于宏观调控、合理规划、完善监管机制，有效杜绝重复建设、布局不当等现象，避免恶性竞争和资

---

① 黄思. 乡村振兴战略背景下产业振兴路径研究——基于一个药材专业市场的分析 [J]. 南京农业大学学报（社会科学版），2020（3）.

② 刘献良. 支持专业市场建设 助推现代农业发展 [N]. 中国城乡金融报. 2013 – 10 – 09.

③ 刘渝. 新农村建设中农业产业化经营模式创新研究 [J]. 商场现代化，2008（34）.

④ 黄思. 乡村振兴战略背景下产业振兴路径研究——基于一个药材专业市场的分析 [J]. 南京农业大学学报（社会科学版），2020（3）.

源浪费。二是坚持按照"政府引导、市场运作"的原则，对包括专业市场在内的各类商业网点实行超市化、专业化和规模化的新建、改建及扩建，做到"建一个市场、活一处流通、富一批业主、利一方群众"。

（二）加强专业市场的建设，提升市场运作绩效

在市场经济条件下，市场发挥着对各种生产要素进行优化配置、优化重组，促进产业结构和产品结构不断进行调整的作用。我们应在现有基础上改造和完善这些专业市场，逐步增强它们的区域带动力。另外，我们还要新建一批具有区域特色、带动能力强、能辐射和影响周边区域乃至全国的大型批发市场和专业市场，从而做到一个市场带动一个或几个特色产业，继而再带动千千万万农民，形成一个专业化区域经济发展带；同时，应注重培育和扶持流通型农业产业化龙头企业，以各类市场特别是专业市场或专业交易中心为依托，拓宽农产品流通渠道。

1. 加强专业市场的硬件建设。专业市场的建设要有地域交通优势，这样便于货物集散或销售；专业市场建设要遵循利于商品交易、结算等原则。政府应加强专业市场的建设，尤其是农产品流通基础设施的建设，农产品基础市场建设较为注重的是农产品批发市场建设，政府可以通过互联网推出不同的优惠手段等，吸引生产商、批发商和消费者大范围地参与到农产品基础市场建设中来。

2. 健全专业市场的软件设施。专业市场要及时捕捉市场信息，并及时进行加工整理，对一些市场交易管理人员有必要进行各种培训，如产品专业知识培训、法律知识培训等。这样才能降低市场交易风险，真正发挥专业市场的功能。我们要构建现代化服务体系，对农产品的每一环节如加工储藏、运输保鲜等环节，要结合现代化技术，打造新型专业市场，提升参与者的体验。

3. 建立专业市场的分析与研究机构。随着农业产业化的发展，专业市场的数量逐渐增加，市场分析水平和能力也会不断提高，为了更好地指导农业生产、农产品的深加工和市场销售，专业市场的职能需要细化，原先专业市场中的一些专门分析和研究市场行情的机构就要独立出来，形成专门的分析和研究行情机构，更加准确地为各种商品提供价格指导，更好地对远期现货和期货交易提供指导，加速专业市场一体化建设。

4. 加强专业市场的规范化管理，努力提高专业市场的经营水平。专业市

场中的群体相对比较复杂，它里面有市场建设者和管理者、销售人员和买方人员，其中很多销售人员和买方人员来自全国各地，还有的来自国外。因此，我们不仅要组织和管理好这么大的一个群体，还要使这个群体能够有效运作，这是专业市场发展的关键。我们要加强专业市场的规范化管理，把买卖双方人员都纳入一个联合体内，定期研究和交换各种市场信息，签订协议以维护各方权益，促使专业市场内交易成本下降以及专业市场的运营效率提高。要革新农产品基础市场的管理方式，就要使传统的农贸批发市场与现代商品流通管理方式相结合，对现有的市场进行升级改造。政府要对市场进行引导，制定相关的政策，鼓励线上交易和结算，引导市场积极展开线上交易活动。

（三）建立成熟完善的市场体系，改革市场交易方式

根据我国国情完善市场体系建设是实施经济发展战略的目标要求。在专业市场带动型农业产业化组织中，我们要将初级市场、区域性批发市场、全国性批发市场分层次经营和建设，形成相对比较完善的市场网络，要以初级市场为基础，以区域性批发市场为骨干，以全国性批发市场为龙头，继续加强和完善市场管理与服务，建立良好的市场交易秩序，进一步完善市场法规和监督体系，以保障市场体系的有序运行。另外，我们还要改革市场交易方式。从我国专业市场发展实践来看，部分大型专业市场经过了分化与整合、转型与提升，再加上现代科技元素的融入，其规模化、专业化和国际化发展趋势渐趋明显，不仅带动当地经济的发展，也辐射到周边区域，带动本地和周边产业参与到国际国内经济发展和产业分工中。年成交额亿元以上的规模化专业市场逐年增加。[①] 根据农产品批发市场的特点，我们可以吸收借鉴我国台湾地区以及韩国、日本这些小农比较发达的地区和国家的经验，它们采取的拍卖制度是被农民普遍认可的一种快速、有效、公开、合理的价格决定方式，采取拍卖、议价、标价或投标等方式尤其是采取拍卖制度的市场是农民比较喜爱的。这种比较透明的农产品专业市场的价格决定方式会提升批发市场上的运销管道，使市场的交易量增加。在消费量大的城市，可以进一步建立电子、计算机拍卖制度，保障农民收入。

---

① 周京. 我国专业市场兴衰规律和启示 [J]. 中国流通经济，2015 (11).

（四）加强市场经营管理，充分发挥行业协会功能

将电子商务、大数据运用、连锁经营、物流配送等新型管理方式和理念注入专业市场的经营管理机制是专业市场提质升级的必然途径。我们要鼓励和引导专业市场吸纳和实施这种先进的经营理念和经营手段，不断提升流通现代化水平。行业协会是专业市场的主要中介力量。这种力量发挥的好坏，直接关系到各个经营者的道德底线、道德风险，最终影响行业的兴衰。因此，我们在建立市场行业协会的同时应逐步提升其行业公信度。政府要继续加强对行业协会的引导，通过行业自律，加强对行业低质乱价等不良经营行为的谴责和整治，提升行业仲裁的权威和公信力，使行业协会在专业市场乃至商业网点建设发展过程中发挥更大的作用。

三、强化合作组织中介创新发展，筑牢联结城乡纽带

从我国发展的实践和发达国家的实践来看，从经济角度和社会角度而言，以合作经济组织为主的中介组织带动型农业产业化形式是一种较好的形式。但是，我国合作经济组织经济来源有限，启动资金短缺，筹资渠道不畅，缺乏运转资金，致使合作经济组织的功能被削弱。由于资金不足，合作经济组织无法使自己的产品在市场上快速占据有利地位，只能从事一般的初级销售，还只能少量地获得一些产品提升的附加值，不能延伸其产业链。东亚的日本、韩国和中国台湾地区，都具有经营规模过小的特征，它们通过农民合作经济组织的服务，将分散的小农户整合到现代农业发展的轨道，实现了农业现代化。从农民合作经济发展的现状可以判断，我国农业现代化进程中对生产力层面的重视程度远高于对生产组织和制度建设的重视程度，农民的涣散及组织功能的微弱是我国农业发展的软肋。与市场服务组织相比，农民合作经济组织提供的服务是一种内部的制度安排，是市场交易行为内化的结果。因此，它更有利于以较低的运行成本将广大小农户组织起来，共同分享现代农业技术装备带来的利益及其他多个方面的利益。① 我们应大力发展中介组织，优化农户、企业、基地和

---

① 郭庆海. 小农户：属性、类型、经营状态及其与现代农业衔接［J］. 农业经济问题，2018（6）.

政府之间的联动机制。

（一）为农村合作经济组织发展创造良好环境

加强法制建设可以为农村合作经济组织发展创造良好法治环境，引导农村合作经济组织规范化和法制化发展。农村合作经济组织是一种特殊类型的法人组织。世界上很多国家有对农业合作社的扶持政策，比如免税、免息减息的法律规定。我国农村合作经济组织若要有序发展，需要政府在政策、法律和法规方面予以支持，必须在农村合作经济组织的章程中对很多事宜加以明确，明确其组织宗旨、业务活动范围，对入社资格、股权设置、社员的权利和义务要有清晰的界定，对合作经济组织的领导和管理机构不仅要明晰，还要对职能定位清楚，完善合作经济组织的资本构成、盈利分配原则、财务管理与内部审计审核和组织成员教育与培训等制度。各级政府应该充分认识到农村合作经济组织在农业生产和农村经济发展中的重要作用，要高度重视、积极支持和引导农业合作经济组织健康发展。农村合作经济组织发展应与深化农村改革相结合，积极推动农村产业结构转型。随着加入农村合作经济组织的农民越来越多，该组织要进一步促进农村社会事业发展，积极与农村基层组织建设相结合，并制订近期和远期发展规划，实现农村合作经济组织与经济社会的融合发展。

（二）加强宣传和培训工作，充分认识合作组织在维护农民利益方面的作用

农村合作经济组织是在自愿互利、民主、公平的基础上建立起来的农民自己的经济组织，是一种崭新的农业产业化经营组织形式。从国际上看，发展合作组织是世界各国（或地区）特别是发达国家（或地区）的共同经验，无论是美国、欧洲，还是日本、韩国，合作社和合作协会在农业发展中一直起着举足轻重的作用。农村合作经济组织成为政府与农民之间互动的中介和桥梁。随着市场经济的不断发展和完善，合作经济组织促进了社会组织建设，稳定了农村基层政权，促进了传统农业向现代农业的转变。农村合作经济组织作为市场经济发展过程中的一种新生事物，有一个不断普及和深化的过程。第一，要提高成员对农村合作组织的认可度和忠诚度，必须坚持合作经济组织原则和经营宗旨，稳步发展（规模不宜急剧扩大），不断改善合作经济组织的经营绩效。第二，需要进一步通过产权和利益分配等连接机制，提高农民对合作组织的参与意识和归属感。第三，要加强宣传和培训工作。培训工作是普及合作社知

识、培养合作组织企业家的有效手段。培训工作是指改变单纯的项目支持的局面，从农民合作组织的专向扶持资金中提取一定比例专门用于对农民合作组织的主要骨干成员（理事长、监事长、营销和财务人员等）分期分批进行有计划的专业培训；同时，充分利用政府的农村社会化服务网络体系、志愿者服务队等载体，对广大农民开展合作知识的宣传和普及。①

（三）注重农村合作组织示范带头作用，以云服务为基础推进农村合作组织典型示范

新时代要推动农村合作组织加快发展，就要做好农村合作经济组织的示范作用，榜样的力量是无穷的，榜样是人们可以看得见摸得着的。我们对这些示范合作经济组织要及时总结成功的做法和经验，并进一步进行创新。为此，第一，要不断加大农村合作组织的典型示范培育。各个地方要根据自身的特色，选择好适合本地的产业加快推进，并对一些有潜力的产业进行政策上的扶持。第二，要不断地加大农村合作组织的典型示范宣传。我们可以通过现代化的载体，如广播、电视和网络等进行积极宣传，让人们对农村合作经济组织有深入的了解和认识。第三，要不断地加大农村合作经济组织的典型示范推广，尤其是有些通过云计算、大数据、物联网等新一代信息网络技术与农业的融合创新，打造农村信息化综合服务平台做得较好的农村合作经济组织，这些农村合作经济组织主要是通过农业精准气象、农产品价格分析、农业监测预警、农产品行业预测等数据分析为农业服务，通过信用数据定制、数据交易、数据开放及投资孵化等数据为农村金融服务，通过行业云、系统集成、数据存储、信息化设计开发等数据信息化服务推进农村合作组织现代化建设。

（四）完善农村合作经济组织利益运行机制

农村合作经济组织的主体是农民，这就要求我们必须随时掌握农村的发展状态，发现农民的疾苦和意见，及时向政府反馈，以便政府及时做出决策；要不断让农民认识到农村合作经济组织发展的优势，鼓励和引导农村合作经济组织的健康发展，要不断地建立和健全农村合作经济组织内部运行机制。要使农村合作经济组织的发展逐步走向规范化和制度化，主要需做好以下几个方面的工

---

① 韩新宝，叶淑芹. 基于农民培训视角的农民合作组织发展思路探究 [J]. 广东农业科学，2011 (3).

作。第一，政府角色定位。在农村合作经济组织发展的过程中，政府不能一味地强迫和命令，搞包办，而是要以指导和引导为主。第二，完善合作经济组织制度建设。农村合作经济组织必须在一定的法律范围内成立，并且成立后要制定严格的规章制度、财务管理制度和监督制度。第三，完善合作经济组织各项管理工作。合作经济组织内部管理是一个极大的难题，在合作经济组织内部，各个主体必须保持纯洁性和高度的责任感。为进一步提升组织的运作绩效，合作组织必须引进有管理经验的专家参与组织建设。第四，规范利益分配机制。利益机制是维护合作组织内部各个主体利益的关键，也是实现合作经济组织可持续发展的保证。合作组织必须以制度为基础，保证利益的公平分配。

（五）促进农村合作经济组织的创新

创新是农村合作经济组织持续发展的重要因素。在体制、管理和运行机制上对合作组织创新是必不可少的环节。第一，体制创新。合作组织要按照民办、民管、民受益原则，采取农民自愿联合起来进行组织的体制创新。第二，管理创新。在管理制度创新方面，对处在起步阶段尚未规范运作的农村合作组织，要分类指导，加大扶持，逐步规范引导。第三，运行机制创新。在运作机制创新方面，农村合作经济组织要以利益联结机制为核心，坚持一体化经营和市场化运作方向发展，努力形成"风险共担、利益共享"的经济共同体，更大程度地发挥农村合作组织在农业产业化中的作用。在我国农村经济发展实践中，一些发展比较好的集体经济组织为了提高农民组织化程度，可以成立土地股份合作社、农民股份合作社和综合性合作社。对一些专业性的合作社或部分成员参加的综合性合作组织，集体经济组织应清楚自己的角色，只参加或领办，让农民自愿参与。现代农业服务业是发展和实现农业现代化的重要基础，要推进现代农业服务业的发展，集体经济组织的主要功能在于搭建区域性和公共性服务平台以便开展服务，一些具体的服务业务应该以参与农村合作组织的市场为主，如农民、农民合作社和企业等。发挥集体经济组织的服务支撑作用就是要让其通过多种形式参与其他市场主体的发展，不影响它们正常有序地参与市场竞争。我们在实践中已经探索出入股参股、联合合作、建园区、搭平台以及发展混合所有制经济等方式，值得进一步总结。①

四、厘清市场与政府职能，完善农业产业化制度保障

农业产业化组织形式创新有两大动力，一个是政府，另一个是市场，或者是两者共同作用。② 在厘清市场与政府边界、明确市场与政府职能的基础上，市场与政府应相互补位、配合协作。政府要在市场担任主角的领域做好配角服务，对微观主体的市场行为分类予以矫正、引导、扶持，对中观企业事业发展及其布局的规划予以引导，在不扭转市场竞争的前提下，推进对企业、产业的公益服务，为企业、事业孵化发展导航。③ 在市场经济条件下，农业产业化组织形式发展离不开政府对外部环境的创新，离不开政府一系列政策的支持。

（一）培育企业家，塑造农业产业化组织创新主体

创新的主体是人，特别是一些具有创新精神的人，而一些龙头企业领头人的资本地位决定了他们必然是农业生产的管理者，也会是农产品的开拓者，这样他们就不可避免地成为农业产业化组织形式创新的核心人物。随着龙头企业带动型的规模扩大，一些联合体也会逐步按现代企业制度的要求进行发展和创新，实行所有权和经营权的分离，转变为农业产业化的专业化经营，而要适应这种发展，就必须培育一批职业企业家。培育企业家这个创新的主体，不仅要引导他们参加各种培训和教育，保持他们学习的激情与热情，更重要的是完善激励机制，这就要求政府提供财政和金融政策的倾斜，引导企业逐步走向现代企业制度，完善激励和约束机制，不断增加创新主体的预期收益，这样创新主体才会有创新的动力和实践。

（二）完善农村市场制度，改善组织创新环境

农业经营体制是关系到农业农村现代化、推进乡村振兴的重要制度安排。稳定和完善农业经营体制，创新农业经营制度及其经营体系，加快农业经营方

---

① 高鸣，芦千文. 中国农村集体经济：70 年发展历程与启示 [J]. 中国农村经济, 2019 (10).
② 邢军峰. 合作组织的发展条件及政府的角色 [J]. 中国集体经济, 2011 (22).
③ 农村财政扶贫攻坚综合开发治理课题组. 关于探讨拓展城乡一体"四化"建设小康之路的方略 [J]. 经济研究参考, 2018 (3).

式转型，具有重要的战略意义与历史意义。① 要大大降低农业产业化组织创新的成本，离不开相对完善的农村市场体系建设。完善农村市场制度主要包括以下四个方面。第一，加快农业市场化和流通制度化。市场化和规范化是市场制度化的核心。当前的任务主要是要逐步建立和健全全国统一、开放、健康、有序的市场体系，这就要求对市场进行大力整顿，进一步规范市场秩序，消除市场的部门、行业和地区壁垒。在农业产业化运行中，专业性的农产品批发市场要做好区域规划，如投入主体的选择、竞争与管理以及各种市场信息的选择、加工和处理等；逐步明确合作组织的性质和设立的程序；改革农产品的流通体制，以便于促进农产品国际化的发展。第二，对于农产品要逐渐实施标准化和规格化。这要求建立农产品的质量评价体系，改革农产品的原产地制度，进一步按照标准化和规格化的要求对农产品质量进行等级分类。第三，促进农业信息化发展。各级政府部门要加强对农产品市场行情等各种信息的发布，使广大农民更加快捷、客观和准确地了解市场信息，促进农民增收。第四，规范农产品交易行为。政府可以制定相关标准，并对龙头企业、专业市场和合作组织进行监督，这样，既减少了农业产业化组织的违约率，也通过规范农产品的交易行为促进了交易的合法性和公正性。

（三）加强政策和资金支持，提高组织创新效率

1. 经济性手段。政府在农业产业化中的经济性手段是农业产业化发展的关键，主要包括财政手段和金融手段。（1）财政手段。政府作为社会权力的中心组织，财政收支是政府的经济行为，主要体现政府政策意图，发挥"经济引擎"的牵头作用。为了更好地支持和促进农业产业化的发展，政府在财政手段上应采取以下措施。一是充分运用财政投资对农业产业化的牵动作用，各级财政应安排相当数量的资金用于农业产业化建设。二是财政应代表政府对区域内的重点农业产业化项目进行直接投资，扶持龙头企业或组织，以取得明显的带动效益。三是对作为产业化龙头的企业，政府应采取低税率和低利率的"双低"优惠政策。四是中央应将农业产业化链条中各环节所实现的税收支持地方，以保护地方支持农业产业化的积极性。（2）金融手段。政府通过银行

---

① 周振，孔祥智. 新中国 70 年农业经营体制的历史变迁与政策启示［J］. 管理世界，2019（10）.

等金融机构的信贷发挥对农业产业化的作用。支持农业产业化发展应成为金融工作在农业工作中的重点。一是依据农业产业化要求，适度加大金融体系对农业产业化的支持力度，坚持稳定的信贷支农方向；二是完善农村金融体制，创建适合国情的农村金融体系，引导民间资本用于农业产业化；三是充分运用利率的杠杆作用，对农业产业化中的龙头企业、主导产业、商品基地的建设资金给予低息等优惠；四是保证农业产业化信贷资金能够及时足额到位，并根据农时给予一定的灵活性。

2. 法律性手段。政府依靠国家政权的力量，按照农业产业化组织发展的实际情况制定有关法律法规，并运用这些法律法规促进农业产业化组织的发展。法律性手段同其他手段相比，具有普遍的约束性、高度的强制性、相对的稳定性、明确的规范性、调节的超前性等特点。从我国农业立法的实际来看，有关农业的法律法规较多。它们为开展农业产业化组织发展确定了良好的法制保证，但有关农业产业化组织发展方面的立法有待加强。因此，我们要以现有农业法律法规为基础，立足农业产业化组织发展实践，制定相应的法律法规，使农业产业化走上法治的轨道。

3. 行政性手段。这是政府凭借行政力量，通过制定和发布命令、指示、规定等形式直接调控农业产业化活动的手段。例如，政府多次以通知等形式要求切实减轻农民负担，就是典型的行政性手段。要正确有效地运用行政性手段，作用于农业产业化，就要处理好以下问题：第一，切实转变政府职能，明确农业行政管理部门的职权范围，使运用行政性手段保持在合理的限度内，不能滥用；第二，尊重农业生产的客观规律和农业产业化各经营主体的经营自主权，切忌脱离实际的强迫命令，决不能挫伤经营主体的积极性；第三，避免机械式地运用行政性手段，提高运用行政性手段的艺术性，做到原则性与灵活性的统一；第四，解放思想，转变观念，对农业产业化中出现的新现象，不能简单地进行敌视和扼杀，而要以"三个有利于"为标准来界定其是否具有生命力。

五、深化金融体制的改革，拓展农业产业化融资渠道

农业产业化及其组织要发展壮大，资金投入是关键。农业产业化金融支持是指基于政府宏观调控和严格监管，借助市场机制配置资源的作用并结合农业

产业化发展特征，最大限度满足农业产业化发展的金融服务，实现农业产业与金融产业良性发展。金融产业在支持农业产业化发展过程中，往往以自身利益为前提，以提供农业产业化资金需要为核心业务，目标主要是建立支持农业产业化发展的金融体系或者运行机制模式。① 但是，目前我国农村的金融体制和农村信贷政策难以适应农业产业化及其组织的发展。因此，当前我们应积极深化金融体制改革，拓宽农业产业化及其组织发展的融资渠道，为城乡一体化建设提供资金保证。②

（一）统筹城乡金融资源，调节金融资源在城乡的合理配置

实现乡村振兴离不开先进生产要素的有效支撑。金融支持是促进乡村振兴的基本经济要素和内在动力。但农业高成本、高风险特征与金融机构规避风险矛盾对立共存，是农业融资难的根本原因，化解此"痛点"需要加快农村金融产品和服务创新。③ 按照统筹城乡协调发展的要求，保证金融资源在城乡的优化配置是关键。长期以来，受"剪刀差"影响，我国农村资金通过一些金融机构流向城市。由于农业是一个高风险、低效益的产业，农业保险又不完善，涉农金融机构对农村贷款的发放顾虑太多。这导致城乡金融资源配置极其不合理，农业产业化组织的主体对于信贷资金的需求得不到满足，这明显不利于城乡关系和工农关系的改善与协调发展，也阻碍了乡村振兴目标的实现。当前，在农业产业化组织中，龙头企业融资与贷款难、农民贷款难、合作组织融资渠道不畅通等问题主要是由农村资金流失造成的，要从根本上解决这些融资难题，就必须深化农村金融体制改革，加速建立相关机制，使一些资金回流到农村。回流的资金应运用到农业产业化及其组织发展中，从根本上缓解这种城乡金融资源配置不合理的状况，促进以工促农、以城带乡的长效机制的形成。④ 为解决好这个问题，政府应加快乡村金融担保信用制度的立法与施行速度，大力支持信贷担保机制建设，根据农村发展实际匹配相应的金融服务，为乡村发展提供更有针对性的金融服务；根据农村实际情况探索"互联网＋金

---

① 郑学党. 供给侧改革、互联网金融与农业产业化发展［J］. 河南社会科学，2016（12）.
② 仇坤，王军辉，蔡武红. 农业产业化与金融服务创新［M］. 北京：中国金融出版社，2008：134.
③ 姜松，喻卓. 农业价值链金融支持乡村振兴路径研究［J］. 农业经济与管理，2019（3）.
④ 杨鹏. 农业产业化经营发展的金融思考［J］. 甘肃金融，2011（10）.

融"的运作模式,依靠乡村本地的信息化网络建设,鼓励民众、中小企业使用更为便捷高效的智能支付结算服务,如网上银行、电话银行、移动支付终端等金融融通方式,升级数字化的业务操作流程,让用户体验现代化的金融服务,使乡村金融服务具有更大的吸引力,让金融资源在乡村配置和服务有更好的载体。

(二) 放开市场准入,构建多层次的农村金融服务体系

目前,农村信用合作机构是联系我国农业、农村和农民最重要的金融纽带,也是近年来金融机构信贷支持和服务"三农"的主力军,也是农业产业化组织与之交易成本较低、联系较为便捷、业务往来频繁、获得信贷服务相对容易的金融机构。但是,农村信用社的资金相对来说比较薄弱,很难承担大额、长期的设备贷款,因此,农村合作金融机构对农业产业组织主体的贷款主要是以无须抵押的农村小额信用贷款为主。当前,要缓解相对单一的信贷方式,应放开市场准入,积极探索多层次的农村金融服务体系。第一,农业、农村和农民的保险在我国金融业中极其薄弱,这也是一些银行不愿意贷款给农民的原因之一。因此,一方面,农村商业保险应积极创新其业务,不断地探索对农业产业化组织保险的发展;另一方面,在农村商业保险不愿意承保的情况下,有关政策性保险与政府的保险补贴就必须配套。较为大型的农业产业化组织还应分别明确由中央、省、市、县相应的保障责任,通过保障与保险机制,促进我国农业逐步走上工业化、专业化、集约化和商品化的产业化道路。第二,建立农民资金互助社。农业产业化组织在创立初期由于法人地位不明确,与正规的金融机构尚不具备建立稳定信用关系的条件。现今农业产业化得到极大发展,如果建立一种"农民资金互助社",会更好地促进农业产业化的发展。

(三) 建立政策性农业保险制度

大力发展农业保险、拓展农业保险的广度和深度,具体来说,要发展农业保险项目,因地制宜地创新符合"三农"情况的农业保险产品,加大农业保险宣传普及工作,提高农户自愿参保率。[1] 农业保险组织制度创新对农业产业

---

① 王志雄,李平辉,陈晓然. 金融支持深度贫困地区新型农业经营主体发展路径探究 [J]. 时代金融,2020 (10).

化、农民生活水平的影响是同向的，农业保险是农业产业化、农民生活水平提高过程中分散风险的重要工具之一。以农业产业化为例，农业保险促进了农业产业化内部利益组织的形成和完善，为农业产业化水平的提高找到了新的实现手段。相应地，农业产业化激发了农业的保险意识、增加了农业保险的有效供给。① 农业产业化依靠专业化、规模化、产品市场化和管理科学化，能够大大提高农业抵御风险的能力，改变农业弱质的命运。但是，季节性是农业生产的一个特点，受自然条件和资源禀赋的影响，农业风险很大，特别是在重大灾害面前，显得十分脆弱，这使我国农民收入增长依然缓慢。农业的风险性必然关联到金融服务的风险性。农村金融机构要面对数量大、高分散和规模小的农村经济群体，导致了其服务成本相对较高。那么，提高农业抗风险能力、构建风险消化机制势在必行。农业保险是稳定农业生产和保障农民利益的保证，其对农业风险损失的经济补偿功能是其他政府投入无法完全替代的。② 当前，我国应积极建立国家风险化解机制，降低农业贷款的风险，吸引更多商业资金投入。为此，第一，财政应出资设立农业贷款风险补偿基金和信贷担保基金。当有金融机构向农业产业化企业、农民或合作社等提供贷款受到损失时，可以启动基金予以适当补偿，降低金融机构的贷款风险，使金融机构没有后顾之忧地去发放贷款。第二，对为"三农"服务的金融机构和金融业务实行免税政策。对农村信用合作社、村镇银行和农民资金互助社等这些为农业产业化组织提供资金支持的有关机构，国家应该加大财政扶持力度，对农村金融机构实行注资、提供担保和利息补贴等，同时还应出台有关税收优惠政策，建立和健全农业保险体系。中央财政负责出资建立农业巨灾保险基金，组建全国性政策农业保险机构，积极鼓励商业性保险公司更多地涉猎农村保险业务，积极引导农业产业化组织中各利益主体建立互助保险组织。第三，建立和健全农业产业组织的风险保障机制。这包括要不断地完善市场风险机制、完善生产风险机制和建立健全农业产业化组织的监督机制。从农村金融发展支持农村产业兴旺的角度分析，农业保险与农村产业化水平之间的良性互动是强化农业现代化、夯实农

---

① 郑军，等. 农业保险组织制度创新与乡村振兴战略的动态协调发展研究［J］. 山西农业大学学报（社会科学版），2020（2）.

② 段月萍，贾金荣. 基于农业产业化的政策性农业保险模式初探［J］. 广东农业科学，2009（7）.

村金融发展的最佳途径。①

（四）加强农村金融机构与农业产业化组织的共生

农业产业化目前虽然遇到了一定的困难，但是其内在的生命力旺盛，农业产业化将会是现代农业发展的强力助推器，这也将是农村生产力再次大解放、整个农村经济社会局面发生根本性变革的重要环节。对农业、农村和农民的金融支持与服务，不仅仅是金融问题，也是关乎我国发展全局的问题。服务"三农"包括对农业产业化及其组织发展的服务，是农村金融机构存在和发展的基础与方向。服务"三农"、支持和扶持农业产业化及其组织的发展，既是城乡经济协调发展的客观要求，也是农村金融机构发展难得的机遇。农村金融机构和农业产业化组织从根本上来讲，都是为了发展现代农业、繁荣农村经济、增加农民收入，这是两者同生共赢的经济基础。农村金融机构和农业产业化组织都是相对独立的法人主体，双方的治理结构和经营理念较为接近，只是有着不同的管理标准和操作方式。实现两者的合作及良性互动，具有良好的制度基础。两者可以实现良好的股权合作，可以寻求利益联结，寻求新的发展空间。为此，对两者的合作，政府要予以指导与协调，积极开创同生共赢的良好环境，搭建专业服务的平台，引导农业产业化组织的筹建与发展，支持农业产业化组织和新兴金融机构的注册登记，积极落实税收减免等政策，构建良好的经济与金融环境，创新农村担保机制和方式，完善农村信用体系，改进农村金融基础设施和大力普及农村金融基础知识，提高农村金融服务的水平和效率。各级各类金融机构要进行体制机制创新，为此应充分深入研究农村经济发展实际和特点，探索总结农村改革开放几十年以来的金融发展规律，根据农民和各种农业产业化组织对资金需求的特性，在金融服务和金融产品方面有所创新，以保证农村经济健康安全和可持续发展。我们要注重完善农村金融运行的法律环境，确保农民和农业产业化组织等各主体的利益；理顺农村金融与农业产业化组织的关系。农村金融为农业产业化发展提供重要支持，同时农业产业化组织的发展有利于推动农村金融服务进一步发展和深化。

---

① 郑军，张璐. 农业保险组织制度与乡村振兴的耦合协调发展研究［J］. 安徽农业大学学报（社会科学版），2020（4）.

参考文献

［1］白立忱 . 外国农业合作社［M］. 北京：中国社会出版社，2006.

［2］本书编写组 . 中共中央 国务院关于实施乡村振兴战略的意见［M］. 北京：人民出版社，2018.

［3］卞靖 . 乡村振兴：农业现代化发展：市场机制与政策体系研究［M］. 北京：中国社会科学出版社，2019.

［4］蔡海龙 . 农业产业化经营组织形式及其创新路径［J］. 中国农村经济，2013（11）.

［5］柴彭颐，周洁红 . 发达国家农业产业化经营的经验及对我国的启示［J］. 浙江学刊，1999（1）.

［6］车红莉 . 乡村振兴战略背景下农民合作社经营管理问题研究［M］. 天津：中国农业科学技术出版社，2019.

［7］陈超，徐磊 . 流通型龙头企业主导下果品产业链的整合与培育——基于桃产业的理论与实践［J］. 农业经济问题，2020（8）.

［8］陈朝阳 . 深化农业产业化经营组织创新的政策分析——基于供给侧结构性改革视角［J］. 福建师范大学学报（哲学社会科学版），2017（5）.

［9］陈国胜 . 乡村振兴温州样本：产业融合之路［M］. 北京：中国农业大学出版社，2019.

［10］陈合营，郝小宝 . 农业产业化中的组织模式与制度比较分析——以陕西杨凌区蒋寨村奶牛产业为例［J］. 理论导刊，2005（12）.

［11］陈礼丹，李献士 . 农业产业化组织形式的新制度经济学解析［J］. 商业时代，2011（9）.

［12］陈少强 . 中国农业产业化研究［M］. 北京：经济科学出版

社，2009.

[13] 陈帅. 试议农业产业化组织形式存在问题及完善对策 [J]. 现代农业，2017 (5).

[14] 陈锡文，魏后凯，宋亚平. 走中国特色社会主义乡村振兴道路 [M]. 北京：中国社会科学出版社，2019.

[15] 陈兴国，黄勇，蓝远森，黄情义. 农村专业合作组织与农业产业化发展的对策建议——以重庆綦江为例 [J]. 农村经济与科技，2011 (10).

[16] 程波，吴建国. 美国农业合作社发展的结构、特征及对中国的启示 [J]. 世界农业，2016 (8).

[17] 程同顺. 农民组织与政治发展——再论中国农民的组织化 [M]. 天津：天津人民出版社，2006.

[18] 仇坤，王军辉，蔡武红. 农业产业化与金融服务创新 [M]. 北京：中国金融出版社，2008.

[19] 楚永生，等. 农业产业化组织运营模式及其绩效情况的实证分析——以江苏铜山县为例 [J]. 甘肃农业，2009 (11).

[20] 邓小平文选（第 1 – 3 卷）[M]. 北京：人民出版社，1993，1994.

[21] 丁慧. "公司 + 农户"模式存在的原因及其稳定存在的条件 [J]. 甘肃农业，2005 (12).

[22] 董海军. 农业产业化经营组织分析——以赤峰地区为例 [D]. 中国农业大学，2004.

[23] 杜勇男. 中外农业产业化对比研究及启示 [D]. 长春：吉林大学，2009.

[24] 杜志雄，肖卫东. 农业规模化经营：现状、问题和政策选择 [J]. 江淮论坛，2019 (4).

[25] 冯浩. 农业产业化组织形式与运行机制研究 [D]. 合肥：安徽农业大学，2008.

[26] 冯雷，解慧，孔祥敏. 城市郊区农业产业化与城乡一体化联动发展研究 [J]. 农业现代化研究，2003 (3).

[27] 冯勇，刘志颐，吴瑞成. 乡村振兴国际经验比较与启示——以日本、韩国、欧盟为例 [J]. 世界农业，2019 (1).

［28］傅晨．中国农村合作经济：组织形式与制度变迁［M］．北京：中国经济出版社，2005.

［29］傅夏仙．农业中介组织的制度变迁与创新［M］．上海：上海人民出版社，2006.

［30］盖尔·克拉默，克拉伦斯·詹森．农业经济和农业一体化［M］．吴大炘，等译．北京：中国社会出版社，1994.

［31］高杰．中国农业产业化经营组织演进研究［M］．北京：科学出版社，2017.

［32］高强，高仁德，丁慧媛．农民组织化与农业产业化联动发展机制研究——基于农业生产效率提升的视角［J］．经济与管理评论，2012（1）.

［33］高珊．我国农业产业化组织形式的比较分析研究［J］．知识经济，2017（6）.

［34］高云．基于供应链视角的农业产业化组织模式研究［D］．淄博：山东理工大学，2011.

［35］顾保国，崔友平．产业振兴：绿色安全、优质高效的乡村产业体系建设［M］．北京：中原农民出版社，红旗出版社，2019.

［36］郭冠清．新中国农业农村现代化的政治经济学分析［J］．理论经济，2020（5）.

［37］郭克莎．中国经济发展进入新常态的理论根据——中国特色社会主义政治经济学的分析视角［J］．经济研究，2016（9）.

［38］郭庆海．小农户：属性、类型、经营状态及其与现代农业衔接［J］．农业经济问题，2018（6）.

［39］郭晓鸣，廖祖君，付娆．龙头企业带动型、中介组织联动型和合作社一体化三种农业产业化模式的比较——基于制度经济学视角的分析［J］．中国农村经济，2007（4）.

［40］韩喜平．中国农户经营系统分析［M］．北京：中国经济出版社，2004.

［41］汉斯·H．缪恩克勒．合作社法律原理（续三）［J］．阮立武，译．农村经营管理，1992（10）.

［42］洪银兴，刘伟，高培勇，金碚，闫坤，高世楫，李佐军．"习近平

新时代中国特色社会主义经济思想"笔谈 [J]. 中国社会科学, 2018 (9).

[43] 侯秀芳. 乡村振兴战略下村镇空间优化与农村产业发展研究 [M]. 北京: 中国海洋大学出版社, 2020.

[44] 胡豹, 黄莉莉. 乡村振兴与现代农业多功能战略 [M]. 北京: 中国农业出版社, 2019.

[45] 胡冬生, 余秀江, 王宣喻. 农业产业化路径选择: 农地入股流转、发展股份合作经济 [J]. 中国农村观察, 2010 (3).

[46] 胡剑锋. 中国农业产业组织发展演变的制度分析 [M]. 北京: 人民出版社, 2010.

[47] 胡娟. 转型期的中国农业产业组织研究 [M]. 北京: 中国财经经济出版社, 2008.

[48] 胡霞, 彭建仿. 三峡库区农业社会化服务转型升级: 目标取向、现实模式和路径选择 [J]. 农村经济, 2019 (8).

[49] 胡新艳, 沈中旭. "公司 + 农户"型农业产业化组织模式契约治理的个案研究 [J]. 经济纵横, 2009 (12).

[50] 胡卓红. 农民专业合作社发展实证研究 [M]. 杭州: 浙江大学出版社, 2009.

[51] 黄彬. 我国农业产业化组织有效模式问题研究 [J]. 内蒙古社会科学, 2005 (4).

[52] 黄福江, 高志刚. 法国农业合作组织的发展及其对中国的启示 [J]. 世界农业, 2016 (3).

[53] 黄婧. 农业产业化中的农村非正式组织与农民合作研究 [J]. 安徽农业科学, 2011 (3).

[54] 黄胜忠. 转型时期农民专业合作社的组织行为研究: 基于成员异质性视角 [M]. 杭州: 浙江大学出版社, 2009.

[55] 黄思. 乡村振兴战略背景下产业振兴路径研究——基于一个药材专业市场的分析 [J]. 南京农业大学学报 (社会科学版), 2020 (3).

[56] 黄修杰. 乡村振兴之产业兴旺: 中国农业高质量发展实现路径探索 [M]. 北京: 中国农业出版社, 2020.

[57] 黄祖辉, 胡剑峰. 国外农业行业协会的发展、组织制度及其启示

[J]．农业经济问题，2002（10）．

[58] 黄祖辉，王祖锁．从不完全合约看农业产业化经营的组织方式
[J]．农业经济问题，2002（3）．

[59] 贾生华．农业产业化国际经验研究［M］．北京：中国农业大学出版
社，1999．

[60] 贾伟强，张明林．国外农业产业化组织模式的比较与借鉴［J］．农
业经济问题，2007（6）．

[61] 贾宪威，李天霞．四川省农业产业化经营不同组织模式的风险研究
[J]．安徽农业科学，2010（9）．

[62] 贾艳．我国农业产业化生产经营模式研究［D］．重庆：重庆大
学，2009．

[63] 姜松，喻卓．农业价值链金融支持乡村振兴路径研究［J］．农业经
济与管理，2019（3）．

[64] 姜太碧，张哲．现代农业产业组织策略行为研究［M］．北京：经济
科学出版社，2015．

[65] 蒋和平，辛岭，尤飞．中国特色农业现代化建设研究［M］．北京：
经济科学出版社，2011．

[66] 蒋小平．湛江市水产品物流发展的问题研究［D］．湛江：广东海洋
大学，2019．

[67] 蒋永穆．基于社会主要矛盾变化的乡村振兴战略：内涵及路径
[J]．社会科学辑刊，2018（2）．

[68] 蒋智华．优势农业产业化经营研究［M］．北京：经济科学出版
社，2010．

[69] 解柠羽．美日农业产业化比较研究［D］．长春：吉林大学，2005．

[70] 金炜玲．农业产业化组织形式研究：土地股份合作社与微型企业的
比较［J］．中国农业大学学报（社会科学版），2018（2）．

[71] 雷俊忠．中国农业产业化经营的理论与实践［D］．成都：西南财经
大学，2004．

[72] 雷玉明．城乡统筹的经济动因——农业产业化利益机制新论［M］．
武汉：华中科技大学出版社，2010．

［73］李彬．农业产业化组织契约风险与创新风险管理［M］．成都：西南交通大学出版社，2011.

［74］李丹．农业社会化服务体系的理论思考［J］．农场经济管理，2003（4）.

［75］李国祥．实现乡村产业兴旺必须正确认识和处理的若干重大关系［J］．中州学刊，2018（1）.

［76］李含悦．国外农业合作组织发展经验对农业产业化联合体建设的启示［J］．改革与战略，2018（12）.

［77］李惠安．关于农业产业化的经营组织问题［J］．中国乡镇企业，2001（10）.

［78］李纪恒．农业产业化发展论［M］．北京：中共中央党校出版社，1998.

［79］李杰义．农业产业链视角下以工促农的机制研究［M］．北京：中国经济出版社，2011.

［80］李萍萍．农业产业化经营与农民组织化问题探讨［J］．农家参谋，2020（18）.

［81］李如潇．中国农业经营制度变迁的路径依赖及其对策研究［D］．长春：吉林大学，2019.

［82］李思霖．农业产业化经营的微观组织形式：农民合作经济组织［J］．合作经济与科技，2009（1）.

［83］李天霞．四川省农业产业化三种组织模式的风险研究［D］．雅安：四川农业大学，2011.

［84］李宛燕．以生产经营组织化加快推进农业产业化［J］．农业经济，2010（5）.

［85］李业芹．绿色发展助力乡村振兴［J］．人民论坛，2018（6）.

［86］李友华．农业产业发展战略与对策研究［M］．北京：中国农业出版社，2010.

［87］李瑜．中国农户经营组织化研究［M］．北京：中国社会科学出版社，2008.

［88］李志忠．社会治理视角下精准扶贫困境突破的路径探究——基于安

徽省 C 市的访谈调查［J］．重庆理工大学学报（社会科学），2020（1）．

［89］李治民．中国农业产业化经营——理论、实证、操作［M］．北京：企业管理出版社，1997．

［90］梁静溪，孙庆．农业产业化经营的规模化组织选择与发展［J］．学习与探索，2010（1）．

［91］梁开竹．借鉴日本经验，推进我国农业产业化的发展［J］．广州市财贸管理干部学院学报，2003（11）．

［92］梁爽．体验乡村振兴［M］．北京：经济科学出版社，2020．

［93］廖祖君，郭晓鸣．中国农业经营组织体系演变的逻辑与方向：一个产业链整合的分析框架［J］．中国农村经济，2015（2）．

［94］刘建徽．订单农业主体协作选择及其机理研究［D］．重庆：西南大学，2017．

［95］刘景景．现代农业产业化组织模式创新——安徽宿州的经验做法［J］．山西农业大学学报（社会科学版），2017（4）．

［96］刘茂松．农业产业发展的制度分析［M］．北京：中国财政经济出版社，2002．

［97］刘清华，柯剑鸿．贫困山区农业产业化发展模式研究［M］．重庆：重庆大学出版社，2018．

［98］刘瑶，王伊欢．我国农业产业化深度发展的有效路径［J］．山东社会科学，2016（1）．

［99］龙方，任木荣．农业产业化产业组织模式及其形成的动力机制分析［J］．农业经济问题，2007（4）．

［100］龙晓柏，龚建文．英美乡村演变特征、政策及对我国乡村振兴的启示［J］．江西社会科学，2018（4）．

［101］卢青，贺伟华．产业振兴与现代农业发展模式创新——基于 JT 公司农业发展模式的分析［J］．农林经济管理学报，2018（10）．

［102］芦千文，高鸣．中国农业生产性服务业支持政策的演变轨迹、框架与调整思路［J］．南京农业大学学报（社会科学版），2020（5）．

［103］芦千文，张益．对现代农业产业化联合体发展的调查与思考——以安徽省宿州市为例［J］．农业经济与管理，2017（2）．

[104] 芦千文. 农村一二三产业融合发展的运行机理和理论阐释：例证皖省现代农业产业化联合体［J］. 山西农业大学学报（社会科学版），2017（3）.

[105] 芦千文. 现代农业产业化联合体：组织创新逻辑与融合机制设计［J］. 当代经济管理，2017（7）.

[106] 吕海燕. 温氏食品集团发展现代农业产业的实践［J］. 广东农业科学，2010（11）.

[107] 吕新业，黄福华. 城乡统筹背景下的农业产业安全［M］. 北京：中国农业科学技术出版社，2011.

[108] 罗必良. 中国农业的高质量发展：本质规定与策略选择［J］. 天津社会科学，2020（5）.

[109] 马克思. 资本论（第1-3卷）［M］. 北京：人民出版社，2018.

[110] 马克思恩格斯选集（第1-4卷）［M］. 北京：人民出版社，1995.

[111] 马强. 国内外农业产业化组织模式对比研究［D］. 太原：山西财经大学，2006.

[112] 马少春. 现代农业产业组织模块化发展研究——以崇州市农业共营制为例［D］. 成都：四川省社会科学院，2020.

[113] 马小龙. 乡村振兴视阈下新型农业经营主体共生发展路径研究［M］. 北京：经济管理出版社，2020.

[114] 毛泽东选集（第1-4卷）［M］. 北京：人民出版社，1991.

[115] 李敏. 美日法三国现代农业科技政策探析及经验借鉴［J］. 改革与战略，2017（8）.

[116] 米歇尔·L. 库克，康斯坦丁·伊利奥普洛斯. 集体行动中的不明晰产权：美国农业合作社的案例.［M］//罗纳德·H. 科斯. 制度、契约与组织：从新制度经济学角度的透视. 刘刚，冯健，译. 经济科学出版社，2003.

[117] 苗书溢. 乡村振兴背景下榆林地区苹果产业发展定位与对策研究［D］. 咸阳：西北农林科技大学，2019.

[118] 牟大鹏. 我国农业产业化的运行机制与发展路径研究［D］. 长春：吉林大学，2010.

［119］聂亚珍．我国农业产业化的主要模式分析［J］．湖北社会科学，2004（1）．

［120］牛若峰，夏英．农业产业化经营的组织形式和运行机制［M］．北京：北京大学出版社，2000．

［121］牛若峰．农业产业化经营的理论框架［J］．中国农村经济，1997（5）．

［122］农业部农村经济体制与经营管理司，农业部农村合作经济经营管理总站．农民专业合作组织案例评析［M］．北京：中国农业出版社，2009．

［123］农业部软科学委员会办公室．农业产业政策和农业宏观调控［M］．北京：中国财政经济出版社，2010．

［124］彭建刚，徐轩．农业产业化与普惠金融的耦合关系及协调发展——以湖南省为例［J］．财经理论与实践，2019（9）．

［125］祁春节．国际农业产业化的理论与实践［M］．北京：科学出版社，2008．

［126］尚旭东，吴蓓蓓．农业产业化联合体组织优化问题研究［J］．经济学家，2020（5）．

［127］邵腾伟．农户联合与合作经营研究［M］．北京：中国农业科学技术出版社，2015．

［128］邵腾伟．现代农业家庭经营的共享化组织创新研究［M］．成都：西南财经大学出版社，2017．

［129］申乙婷，王长琴，周德．乡村振兴背景下江苏农业农村发展支持政策转型与国际经验比较研究［J］．江苏农业科学，2019（11）．

［130］申卓婕．农业产业化组织模式："公司＋农户"研究［D］．太原：山西财经大学，2006．

［131］沈捷．欠发达地区农业产业化组织模式的选择［D］．南昌：江西师范大学，2011．

［132］沈雅琴．长期土地承租合约下农业产业化及其绩效的经济学研究［D］．上海：复旦大学，2004．

［133］宋英杰，陈银春．农业产业化经营概述［M］．北京：中国社会出版社，2006．

［134］苏群．农业产业化经营的组织模式与农民合作经济组织的培育［J］．农村经济，2004（3）．

［135］孙晓霞．东北地区农业产业化组织模式研究［D］．长春：吉林大学，2008.

［136］孙亚范．农民专业合作经济组织利益机制分析［M］．北京：社会科学文献出版社，2009.

［137］孙运锋．农业产业化经营的组织模式和发展对策研究［J］．农村经营管理，2009（5）．

［138］孙正东．现代农业产业化联合体理论分析和实践范式研究［M］．北京：人民出版社，2017.

［139］唐轩文．西部地区农业产业化组织模式的选择［D］．成都：四川大学，2007.

［140］唐燕．乡村振兴战略下对现代农业产业集聚的再思考［J］．农村经济与科技，2019（6）．

［141］滕锡尧，常承国．中国农业产业化及其现代化发展道路［M］．北京：中国农业出版社，1999.

［142］田剑英．乡村振兴战略背景下新型农业经营主体的金融支持［M］．北京：中国财政经济出版社，2019.

［143］涂圣伟．中国乡村振兴的制度创新之路［M］．北京：社会科学文献出版社，2019.

［144］万伦来，马娇娇，朱湖根．中国农业产业化经营组织模式与龙头企业技术效率——来自安徽农业综合开发产业化经营龙头企业的经验证据［J］．中国农村经济，2010（10）．

［145］汪发元．乡村振兴战略背景下特色农业发展研究［M］．北京：中国农业出版社，2019.

［146］王峰．土地流转的制度瓶颈与农业产业化统筹发展［J］．江汉论坛，2014（11）．

［147］王贵元，等．农业产业化龙头企业的培育对策［J］．农村经济，2006（7）．

［148］王海升，农业产业化：组织模式与合作机制分析［D］．上海：东

华大学，2009.

[149] 王姮. 农业产业化融资体系研究 [M]. 北京：中国农业科学技术出版社，2010.

[150] 王金河. 农业产业化合作组织创新探讨 [J]. 安徽农业科学，2010（3）.

[151] 王娜. 河北省山区农业产业化经营模式及发展对策研究 [D]. 保定：河北农业大学，2009.

[152] 王茜，孟宪文，朴清. 乡村振兴战略与现代农业产业化 [M]. 北京：中国农业科学技术出版社，2019.

[153] 王鑫. 乡村振兴与农村一二三产业融合发展 [M]. 北京：中国农业科学技术出版社，2020.

[154] 王泳茹. 加快我国农业产业化创新发展的路径分析 [J]. 人民论坛·学术前沿，2020（7）.

[155] 王志斌，王晓路，沈于琛. 乡村振兴战略背景下江苏农业产业化龙头企业发展对策研究 [J]. 江苏农村经济，2020（2）.

[156] 魏薇. 乡村振兴战略下推动农业产业融合发展对策建议 [J]. 农业经济，2020（4）.

[157] 吴晨. 农业产业化深度发展过程中的组织协调研究——以广东省为例 [J]. 改革与战略，2011（12）.

[158] 吴德礼，胡象明，李惠彬，任晓刚. 公司＋公司：一种农业产业化经营组织的新模式 [J]. 探索，2007（5）.

[159] 吴玺玫. 新形势下农业产业化组织结构形式探析 [J]. 华中农业大学学报（社会科学版），2010（4）.

[160] 吴重庆，张慧鹏. 小农与乡村振兴——现代农业产业分工体系中小农户的结构性困境与出路 [J]. 南京农业大学学报（社会科学版），2019（1）.

[161] 西奥多·W. 舒尔茨. 改造传统农业 [M]. 梁小民，译. 北京：商务印书馆，1987.

[162] 习近平. 决胜全面建成小康社会，夺取新时代中国特色社会主义伟大胜利——在中国共产党第十九次全国代表大会上的报告 [M]. 北京：人

民出版社，2017.

[163] 习近平谈治国理政（第一卷）[M]. 北京：外文出版社，2018.

[164] 习近平谈治国理政（第二卷）[M]. 北京：外文出版社，2017.

[165] 习近平谈治国理政（第三卷）[M]. 北京：外文出版社，2020.

[166] 夏庆利. 中国农业市场发育与产业化 [M]. 武汉：华中科技大学出版社，2009.

[167] 向隅. 农业产业化组织形式的比较研究 [D]. 合肥：合肥工业大学，2004.

[168] 熊小林. 聚焦乡村振兴战略探究农业农村现代化方略 [J]. 中国农村经济，2018（1）.

[169] 熊晓晖. 农业产业化龙头企业资金支持模式研究——以江西省为例 [D]. 南昌：南昌大学，2009.

[170] 熊毅俊. 农业龙头企业带动小农户发展优化路径探索——基于广东海纳农业有限公司的案例分析 [J]. 广东农业科学，2020（4）.

[171] 徐大佑，万文情. 我国西部农业产业化经营模式选择及构建路径研究——基于贵州省调研分析 [J]. 中国农业资源与区划，2015（10）.

[172] 徐金海. 专业化分工与农业产业化组织演进 [M]. 北京：社会科学文献出版社，2008.

[173] 徐沈，陈定洋. 小农户与现代农业发展有机衔接的机制研究 [J]. 重庆理工大学学报（社会科学），2020（8）.

[174] 徐振宇. 小农—企业家主导的农业组织模式——天星村葡萄业技术与市场演化 [M]. 北京：社会科学文献出版社，2011.

[175] 许皓月. 乡村振兴战略下对贫困山区发展现代农业产业的思考——基于保定市阜平县现代农业产业发展分析 [J]. 河北农业科学，2018（6）.

[176] 许淑琴. 我国农业产业化经营组织模式探讨 [J]. 学习与探索，2010（5）.

[177] 许治. 农业产业化组织创新"公司＋农户"模式分析 [J]. 农村经济，2002（9）.

[178] 燕洁，王双进，李蕊. 农业产业链发展国际经验借鉴 [J]. 农业经济，2020（10）.

［179］杨芳．社会网络对农户生产决策的影响研究［D］．重庆：西南大学，2019．

［180］杨明洪．从"中心化模式"向"中间化模式"：农业产业化经营组织演化分析［J］，中州学刊，2008（5）．

［181］杨明洪．农业产业化龙头企业：扶持理论与政策分析［M］．北京：经济科学出版社，2009．

［182］杨秋海．"互联网＋"视域下现代农业产业化组织模式创新研究［J］．中州学刊，2016（9）．

［183］杨仪青．城乡融合视域下我国实现乡村振兴的路径选择［J］．现代经济探讨，2018（6）．

［184］姚秀霞．烟台市农业产业化组织模式及创新研究［D］．长春：吉林大学，2005．

［185］于金富，胡泊．从小农经营到现代农业：经营方式变革［J］．当代经济研究，2014（10）．

［186］于振亮．农村规模化经营中存在的问题及解决对策［J］．河南农业，2020（7）．

［187］俞雅乖．政府行为和制度变迁：以农业产业化经营为例［M］．北京：经济科学出版社，2010．

［188］虞锡君．农业产业化经营的本质特征和现实形式探讨［J］．中国农村经济，2002（10）．

［189］喻国华．专业合作组织在农业产业化中的实践模式［J］．农业经济，2008（3）．

［190］袁建伟，曾红，蔡彦，钱国玲．乡村振兴战略下的产业发展与机制创新研究［M］．杭州：浙江工商大学出版社，2020．

［191］袁久和，祁春节．西部特色农业产业化进程中农民经济合作组织成长研究［J］．河南大学学报（社会科学版），2011（9）．

［192］苑鹏．"公司＋合作社＋农户"下的四种农业产业化经营模式探析——从农户福利改善的视角［J］．中国农村经济，2013（4）．

［193］云宪辉．吉林省农业产业化研究［D］．长春：吉林大学，2019．

［194］曾令秋，王芳．农业产业化发展水平评价研究——以四川省为例

[J]．农村经济，2018（11）．

[195] 曾宪久．农民专业合作社与金融服务开发 [M]．北京：中国金融出版社，2009．

[196] 占俊英，方齐云．中国农村走势：农业产业组织及技术进步与农业剩余劳动力转移 [M]．北京：中国经济出版社，2006．

[197] 张光辉．温氏"公司＋农户"经营模式研究 [J]．企业经济，2004（11）．

[198] 张海鹏，郜亮亮，闫坤．乡村振兴战略思想的理论渊源、主要创新和实现路径 [J]．中国农村经济，2018（11）．

[199] 张宏升．中国农业产业集聚研究 [M]．北京：中国农业出版社，2007．

[200] 张敏．中国农业产业化组织形式比较研究 [D]．济南：山东大学，2009．

[201] 张明林，刘耀彬．农业产业化组织模式效率比较：一个合作博弈分析思路 [J]．统计与决策，2007（21）．

[202] 张明林．农业产业化进程中的产业链成长机制 [M]．北京：科学出版社，2010．

[203] 张前程．农村生产合作组织对农业产业化的推动机制 [J]．安徽农业大学学报（社会科学版），2009（11）．

[204] 张庆亮，刘传岩．我国农业产业化经营组织模式研究 [J]．现代商贸工业，2011（7）．

[205] 张顺喜．扎实推进乡村振兴 [M]．北京：中国言实出版社，2019．

[206] 张廷银．河南农业产业化的制约因素与对策分析 [J]．郑州牧业工程高等专科学校学报，2004（3）．

[207] 张文潇．农民合作社转型与中国乡村振兴 [J]．贵州大学学报（社会科学版），2020（4）．

[208] 张晓山，宋洪远，李惠安．调整结构·创新体制·发展现代农业 [M]．北京：中国社会科学出版社，2007．

[209] 张晓山，苑鹏．合作制经济理论与中国农民合作社的实践 [M]．北京：首都经济贸易大学出版社，2009．

［210］张学梅. 农业产业化经营组织模式优化探讨［J］. 农业技术经济，1999（6）.

［211］张学鹏，卢平. 中国农业产业化组织模式研究［M］. 北京：中国社会科学出版社，2011.

［212］张滢. "家庭农场＋合作社"的农业产业化经营新模式：制度特性、生发机制和效益分析［J］. 农村经济，2015（6）.

［213］张照新. 农业产业化龙头企业发展与社会责任［M］. 北京：经济管理出版社，2019.

［214］赵海燕. 乡村振兴战略视域下黑龙江省农村产业发展研究［D］. 哈尔滨：中共黑龙江省委党校，2019.

［215］赵慧峰，李彤. 国外农业产业化经营组织模式分析［J］. 农业经济问题，2002（2）.

［216］赵美玲，张霞. 机遇、挑战与对策：农民现代化实现路径探究——基于中国特色新型农业现代化的视角［J］. 广西社会科学，2016（11）.

［217］赵冉，苏群. 美国、日本农业合作社发展特点及启示［J］. 世界农业，2016（5）.

［218］郑军，张璐. 农业保险组织制度与乡村振兴的耦合协调发展研究［J］. 安徽农业大学学报（社会科学版），2020（4）.

［219］郑学党. 供给侧改革中的农业与农业产业化［J］. 河南社会科学，2016（12）.

［220］中共中央党史和文献研究室. 习近平关于"三农"工作论述摘编［M］. 北京：中央文献出版社，2019.

［221］中共中央国务院. 乡村振兴战略规划（2018－2022 年）［M］. 北京：人民出版社，2018.

［222］周冬梅，张文明. 乡村振兴战略中农业产业化的活力隐忧与路径选择——基于广西壮族自治区的调查［J］. 湖北民族大学学报（哲学社会科学版），2020（4）.

［223］周金胜. 西北地区农业产业化经营组织地域模式的选择与创新［D］. 兰州：兰州大学，2010.

［224］周立. 乡村振兴战略与中国的百年乡村振兴实践［J］. 学术前沿，

2018（2）.

[225] 周立群，曹利群. 农村经济组织形态的演变与创新——山东莱阳市农业产业化问题研究 [J]. 经济研究，2001（1）.

[226] 周镕基，白广效，皮修平. 我国农业产业化与组织创新的理论研究 [J]. 商业研究，2009（3）.

[227] 周振，孔祥智. 新中国70年农业经营体制的历史变迁与政策启示 [J]. 管理世界，2019（10）.

[228] 朱晓华. 农业产业化进程中农业组织创新的对策探讨 [J]. 北京农业，2011（2）.

[229] 朱雅玲，等. 农村合作经济组织发展与创新 [M]. 长沙：湖南科技出版社，2010.

[230] Bachev H. Post-Communist Transition in Bulgaria-Implications for Development of Agricultural Specialization and Farming Structures [J]. Mpra Paper, 2008（12）.

[231] Bogetoft P, Ballebye O H. Ten Rules of Thumb in Contract Design: Lessons from Danish Agriculture [J]. European Review of Agricultural Economics, 2002（6）.

[232] Cramer G L, Jensen C W, Southgate D D J. Agricultural Economics and Agribusiness [M]. New York: John Wiley&Sons, 1997.

[233] García-Llorente M, Cristiano R, Francesco D I, Roberta M. Social Farming in the Promotion of Social-Ecological Sustainability in Rural and Periurban Areas [J]. Sustainability, 2016（11）.

[234] Giovanni G, Luciano V. Vertical Relationships and Coordination in the Food System [M]. Physica-Verlag Heidelberg, 1999.

[235] Goldberg R A, Davis J H. A Concept of Agribusiness [J]. Journal of Marketing, 1957（2）.

[236] Grey O. Farm Crisis and Rural Revitalization in South-Central New York during the Early Twentieth Century [J]. Agricultural history, 2010（4）.

[237] Iacovo R D, Moruzzo R, Rossignoli C M, Scarpellini P. Measuring the Effects of Transdisciplinary Research: the Case of a Social Farming Project [J].

Futures, 2016 (1).

[238] James V R. Industrialization of Agriculture: Discussion [J]. AM J AGR ECON, 1993 (12).

[239] Morais L. Spicing Up a 150-Year-Old Porcelain Factory: Art, Localism and Transnationalism in Arita's Happy Lucky Kiln [J]. International Journal of Japanese Sociology, 2020 (3).

[240] Onitsuka K, Hoshino S. Inter-community Networks of Rural Leaders and Key People: Case Study on a Rural Revitalization Program in Kyoto Prefecture, Japan [J]. Journal of Rural Studies, 2018 (7).

[241] Ronald K, et al.. Agricultural and Food policy [M]. Prentice, 1995.

[242] Stuart D. F, Dennis R H. Transaction Costs as Determinants of Vertical Coordination in the U. S. Food Industries [J]. American Journal of Agricultural Economics, 1992 (11).

[243] Thomas K. Rudel. Did Growing Rural Poverty and a Disruptive Climate Spur an Expansion in Rural Sociology? A Comparative Historical Analysis [J]. Rural Sociology, 2018 (9).

[244] Williams D S. Place-based Approaches to Rural Economic Revitalization: A Public Funding Analysis and Implications for the Alabama Black Belt [D]. Birmingham: The University of Alabama at Birmingham, 2010.

[245] Williamson O E. Transaction-Cost Economics: The Governance of Contractual Relations [J]. Journal of Law and Economics, 1979 (10).

[246] Zylbersztajn D, Tomatoes and Courts: Strategy of the Agro-industry Facing Weak Contract Enforcement [D]. Sao Paulo: University of Sao Paulo, 2003.

后　记

　　《乡村振兴背景下农业产业化组织形式研究》书稿终于完成了，心中不免有些感慨和欣慰。我在广东金融学院工作15年有余，在攻读博士期间逐渐聚焦于乡村治理等方面的研究。我坚持将理论与实证研究相结合，多次深入基层调研，先后在《人民日报》（理论版）以及《当代世界与社会主义》《学术界》《学术论坛》《湖北社会科学》《重庆社会科学》《广西社会科学》《理论与改革》《探索》等刊物发表论文20多篇。

　　习近平总书记强调，从中华民族伟大复兴战略全局看，民族要复兴，乡村必振兴。全面建设社会主义现代化国家，实现中华民族伟大复兴，最艰巨、最繁重的任务依然在农村，最广泛、最深厚的基础依然在农村。乡村振兴作为全面建设社会主义现代化国家新征程的重要组成部分，是促进现代农业体系和现代工业体系有机融合发展的重要契机。实施乡村振兴战略的基础是产业振兴，基本途径在于农业产业化。农业产业化组织形式的发展与完善决定产业化经营效率的高低，对于促进农村经济社会发展和维护农村基层政权稳定具有重要意义。本书将农业产业化置于乡村振兴背景下，深入阐述农业产业化及其组织形式的基本理论，分析乡村振兴与农业产业化及组织形式的互动机理，选取三个典型的农业产业一体化的代表国家对其农业组织发展进行比较，从中找到对我国有借鉴和启发意义的经验和做法。在借鉴学术界对我国农业产业化组织形式划分的基础上，本书结合案例及运用组织效率理论，构建分析框架对龙头企业带动型、中介组织带动型和专业市场带动型三种组织形式进行比较分析，探讨我国农业产业化及其组织形式发展的动力与困境，进而提出完善和创新我国农业产业化组织形式的设想及对策建议。

　　感谢书稿写作过程中给予我关心指导的领导和老师们。特别感谢广东金融学院马克思主义学院的大力支持和帮助！本书出版得到了广东省教育科学规划课题（党的十九大研究专项2018JKSJD40）的支持，在此一并感谢！

由于时间仓促，加之水平有限，书中难免有疏漏甚至错误之处，恳请各位专家、学者和读者批评指正！

张春华

2021年2月于广州